Fabian Sommariva

Glück oder vom schönsten Geschenk, das einer dem anderen machen kann

Fabian Sommariva

Glück oder vom schönsten Geschenk, das einer dem anderen machen kann

Versuch über ein fast hoffnungslos Unbestimmtes

Bibliografische Information der Deutschen Nationalbibliothek:
Die Deutsche Nationalbibliothek verzeichnet diese Publikation
in der Deutschen Nationalbibliografie; detaillierte
bibliografische Daten sind im Internet über http://dnb.dnb.de
abrufbar.

© 2022 Fabian Sommariva

Herstellung und Verlag: BoD – Books on Demand,
Norderstedt

ISBN: 978-3-7534-1687-8

„Tatsächlich sind in der Philosophie Fragen von anderem Gewicht als in den Einzelwissenschaften, wo sie durch die Lösung fortgeschafft werden",
Theodor W. Adorno

„Das Glück ist kein guter Stoff der Dichter. Es ist zu selbstgenügsam. Es braucht keinen Kommentar. Es kann in sich zusammengerollt schlafen wie ein Igel. Dagegen das Leid, die Tragödie und die Komödie: sie stecken voll von Explosivkräften",
Robert Walser

„Die Weisheiten, die auf den Wegen zum Glück gefunden wurden, sind, wenn man sie schlicht hinunterschlingt, um sofort glücklich zu werden, nichts als Steine, die beschweren",
Ludwig Marcuse

„Die Empiriker gehen wie die Ameisen vor: sie tragen nur zusammen und gebrauchen; die Rationalisten aber gehen wie die Spinnen vor: sie produzieren ihr Netz aus sich selbst heraus. Das Verfahren der Biene hält die Mitte zwischen beiden: sie sammelt den Stoff aus den Blüten des Gartens und des Feldes, aber sie verwandelt und verarbeitet ihn durch ihre eigene Kraft",
Francis Bacon

Inhalt

Vorwort	9

1. Von Tatsachen und Thesen

Sterbliche streben nach Glück ...	16
... aber was es sei, darüber streiten sie	19
Von Wirsingkohlen und Sodbrennen oder über den Unterschied von Wort und Begriff	24
Was wir meinen könnten, wenn wir fragen, bist du glücklich?	28

2. Von Einwänden, Irrungen und weiteren Fragen

Warum de Gaulle und die Philosophen Schopenhauer, Nietzsche und Adorno niemals glücklich waren	33
Ist eine Glückstheorie überhaupt möglich?	36
Vom Grundparadox des Glücks	43
Wie aus sich Sattheit und Fülle nehmen?	49

3. Quellen dauerhafter Selbstbejahung

Methodischer Einschub: Mit den Augen denken	59
Ein Strom, der immer breiter dahinrollt oder vom inneren Wachstum	63
Von der Wahrnehmung einer gelingenden Ganzheit	75
Über Selbstbestimmung	88
Von der Übereinstimmung von dem, was wir sind, und dem, was wir sein wollen oder vom Tod des Cato Uticensis	101

Glück als tiefe und dauerhafte Zufriedenheit mit
dem ganzen Leben   108

4. Von Resultaten und Schlussfolgerungen
Von der Möglichkeit, *im* Glück zu *sein* und zugleich
von ihm zu *wissen*   112
Gefühle fallen nicht wie das Manna vom Himmel   117
Von der Kraft des Positiven im Negativen   132
Wider den Vorwurf, hier würde zum Egoismus
angestiftet   141

5. Die Natur als Bewahrerin ihrer selbst
Eine lebensphilosophische Spekulation   145

Post Skriptum
Glück und Sinn   154

Anhang:
Über den Begriff des Glücks in der abendländischen
Ideengeschichte
Vom Zufalls-Glück   156
Vom Jenseits-Glück   163
Vom Haut- und Gaumen-Glück   174
Vom Liebes-Glück, sehr knapp   186
Vom Glück der Gegenwartswahrnehmung   191

Anmerkungen/ Nachweise der Zitate   202

Vorwort

Dass das Glück kein guter *Stoff* der *Dichter* sei, meinte der Schriftsteller Robert Walser. Es ruhe, wie Igel eingerollt schlafen, selbstgenügsam in sich. Von *Explosivkräften*, die sich darin entladen, keine Spur. Von was sollte man da also *erzählen* können?

Zu Beginn seiner „Anna Karenina" äußert sich Tolstoi in ähnlicher Weise. Er schreibt dort, dass sich Glück in den vielerlei Familien durchaus gleiche. Unglück jedoch ereile jede Familie ganz einzigartig.

Haben wir es in Anbetracht des Glücks folglich mit einem trockenen, undramatischen, gleichförmigen, womöglich langweiligen und nichtssagenden, beim Unglück hingegen mit einem aufregenden und ergiebigen Thema zu tun?

Sonderbare Gegenüberstellung, die Dichtersicht, Dichterinteresse nahezulegen scheint. Vielleicht dürfen wir es, einen windschiefen Vergleich heranziehend, so verstehen: Eines Wirbelsturms still ruhendes Auge – es gliche dem Glück. Imaginieren wir das einmal. Müßig spannen darin die Dichter aus. Nicht Kalliope, weder Thalia noch Euterpe, keine der neun Musen küsst in der Flaute Künstlerstirnen. Statt zu dichten, kratzt man sich hinterm Ohr. Wir wollen auch von der Gefahr absehen, an diesem Ort niedrigen Luftdrucks den Erstickungstod zu erleiden. Indessen geht es dem, der sich dem Glück *nähern* will, es zu *begreifen*, ganz anders. Er hat es mit gewaltigen Luftbewegungen, d.h. erheblichen methodischen Herausforderungen zu tun.

Unterscheiden wir nur gut. Eines ist es, im Glücke zu *ruhen*, ein anderes, das schillernde Phänomen zu *bestimmen.* Das verweist auf die Perspektive dessen, den Einsicht ins Glück treibt. Er wird auch klären müssen, ob das behauptende Bild, die Glücksruhe sei womöglich eindimensional, das Dichtermund hier spricht, die Sache wirklich trifft. Und steckt nicht zugleich gerade umgekehrt im Beiwort selbstgenügsam ein Lob der Sache, eine Befähigung, letztlich ein Qualitätsurteil höchster Güte, das zu prüfen ebenso notwendig ist?

Endlich: Wie könnte sich *im* Glück gänzlich *Unergiebiges* ereignen, wenn man vergegenwärtigt, dass sich der europäische Mensch annähernd seit den Tagen Heraklits (um 520-460 v. Zw.) mit dem Thema herumschlägt. Und scheinbar zum Trotz dieser Feststellung hat das beharrliche Fragen nach Glück noch immer kein Ende gefunden. Das hat Gründe, von denen im Buch erzählt wird.

Als ich Kursteilnehmer, Freunde und Familienmitglieder fragte, was sie sich unter Glück vorstellen, antworteten sie: Wenn die eigenen Kinder sie umarmen. Wenn ihnen Wichtiges gelingt, vielleicht das Erreichen eines beruflichen Ziels. Andere redeten von Liebe und Freundschaft. Davon, ohne Sorgen zu sein. Auch ein schöner Urlaub wurde genannt oder die Gesundheit. Ausgezeichnet.

In einem Gespräch, das Jahre her ist, entgegnete mir eine Endsechzigerin: „Man kann doch nicht immer glücklich sein!". Eine Unmöglichkeit, die hier festgestellt wird. Man könne doch nicht immer glücklich sein. Jedenfalls gilt das für menschliche Wesen. Es ist aber Menschenglück unser Thema. Was setzt diese Negativ-Behauptung voraus? Zum Beispiel, dass Gefühle sich ständig wandeln und nicht beharren. Dass wir Zufall und Wandel ausgeliefert sind, den Herren der Welt, und Leben *„naturgemäß niemals leicht"* ist. Und was müsste man in Anschlag bringen, wenn es sich anders verhielte? Um es vorsichtig zu sagen: das man über lange Zeiträume glücklich sei. Haben wir es in dem einen Fall mit einem starken und in dem anderen mit einem schwachen Begriff von Glück zu tun? Oder nicht vielmehr mit ganz unterschiedlichen Vorstellungen, die tatsächlich auf verschiedene Wirklichkeiten verweisen, die wir erst zu entdecken hätten?

Natürlich klopfte ich auch bei den großen Philosophen an. Was sie uns über Glück mitteilen, entspricht ihrem Verständnis vom Menschen. Ich verallgemeinere: Was wir *alle* unter Glück verstehen, das hängt wesentlich davon ab, wie wir uns *als Menschen begreifen*. Dieser Satz nimmt eine zentrale Einsicht des Buchs vorweg. Und weil jenes Selbstbild in der Geschichte bekanntlich wechselt, haben wir schon deshalb – hin und wieder – Glück neu zu denken.

So lesen wir etwa, dass homo sapiens, als *Vernunftwesen* aufgefasst, sein Glück im Erkennen der Ordnung des wahrhaft Seienden, des Unvergänglichen fände. Aber verstehen wir das nicht falsch. Es heißt tatsächlich, dass der handelnde Mensch mit seiner ihm zugewiesenen Stellung im Ganzen des Kosmos übereinstimme, so bei Platon. Das setzt freilich voraus, diesen Platz im Ganzen des Seins hinlänglich erkannt zu haben. Spätere meinten, als *Geschöpf* eines väterlichen *Gottes* gelangten wir erst im Leben nach unserem Tode ins wirkliche Glück. Und mit dem irdischen sei es ohnehin nicht weit her, weshalb man es so schwarz malte wie Dreck unter den Fingernägeln (Augustinus, Thomas v. Aquin, Luther). Wieder andere hielten dafür, dass wir vom *Lustprinzip* Getriebene seien. Deshalb bestünde unser Glück in nichts anderem als in der Befriedigung unserer sinnlichen Begierden. Wir seien, bescheinigt man uns, bemitleidenswerte Wesen, die in einem endlosen Rennen – von einer flüchtigen Bedürfnisbefriedigung zur nächsten jagend – verzweifelt versuchten, unser Glück zu machen, so etwa Schopenhauer und Freud, sein gelehriger Schüler.

Das Ergebnis meiner Erkundigungen könnte manchen niederschlagen. Was sich der Mensch unter Glück über Jahrtausende vorstellte und heute vorstellt, ist wahrlich nichts Bestimmtes. Sogar für das, was sich wesentlich *ausschließt*, musste der Ausdruck herhalten.

Mir schien deshalb, eine *kritische* Anstrengung täte Not. Eine Art Bestandsaufnahme, aber auch die Prüfung der Maßstäbe und Ausgangspunkte. Zudem war zu fragen unerlässlich, ob eine Glückstheorie überhaupt möglich ist. Diese Frage werde ich vorsichtig bejahen und sogar eine eigene vortragen und begründen. Und obwohl eine solche Konzeption, sollte sie sich als einigermaßen plausibel erweisen, nicht gänzlich unbedeutend wäre, glaube ich, dass das kritische *Fragen* nach Glück *als solches* nicht weniger Gewicht hat. Sich die Fülle der Probleme gegenwärtig machen, denen wir beim Versuch, Glück zu verstehen, gegenüberstehen, ist ebenso gehaltvoll, bin ich überzeugt, wie die probierte Überwindung der Schwierigkeiten.

Als ich zu Beginn der Niederschrift des Buchs gefragt wurde, was ich unter Glück verstehe, teilte ich arglos und übereilt thesenartig die Resultate meiner Überlegungen mit. Ich unterließ dabei, all die Fragen und Herausforderungen zu erwähnen, die im Voraus zu überwinden waren. Das machte nicht nur einen schlechten Eindruck, wie mir nachträglich klar wurde, sondern tat dem Eigengewicht der Fragen auch großes Unrecht.

Im Buch verfahre ich anders. Ich werde eine Vielzahl von Fragen aufwerfen; mehr als ich zu beantworten vermag. Das penetrant fragende „Bohren" wird manchem umständlich vorkommen. Es ist aber im guten Sinne sokratisch. Im Fragen immer besser werden, das scheint mir tatsächlich kein unwichtiger Ertrag des Philosophierens zu sein.

Aber dabei werde ich es nicht bewenden lassen. Im Verlauf unserer Entdeckungsreise, die uns tief ins Menschliche führen wird, werden wir Einsichten an den Tag bringen, die nicht von Pappe sind. Das schließt ihre Überprüfbarkeit durch Erfahrung ein. Obendrein werden sie ganz praktisch von glücksbefähigendem Nutzen sein.

Ich bekenne: Mein Buch über Glück soll seine Leser *reicher* machen, reicher an Gedanken und Anschauungen. Das schließt – nur scheinbar paradox – ein, dass ich im strengen Sinne kein Wissen zu *lehren* habe wie Lehrer in der Schule - und die Schüler lernen es dann auswendig. In der „Apologie" des Platon weist Sokrates die Ansicht zurück, er sei je ein Lehrer in diesem Sinne gewesen. Vielmehr beschreibe ich Aktivitäten und Selbstvollzüge, die sich in unserem Inneren ereignen, die meiner Auffassung nach mit Glück unmittelbar zusammenhängen und aus denen nicht unwichtige Schlussfolgerungen für unsere Lebenspraxis zu ziehen sind.

Heute spricht eine große Zahl von Stimmen von einem *Zwang* zum Glücklichsein, den sie am modernen Menschen beobachten. Dieser wäre tatsächlich des Glückes Tod! Niemand wolle nicht glücklich sein. Vor allem dies zugestehen müssen. Es ginge ein beachtlicher Erwartungsdruck um, „gut drauf" zu sein. Und je öfter von Glück die Rede sei, desto drückender werde diese Last.

Gern möchte ich betonen, wie sehr ich bedauern würde, wenn mein Buch auf diese Weise wirkte. Nicht nur, weil es diesen Gegenstand untersucht, sondern deshalb, weil ich am Ende vorsichtig und als Resultat vieler Überlegungen sozusagen von einer *Pflicht* zum Glücklichsein sprechen werde, die sich mir nahelegt.

Zuletzt empfehle ich mit Schopenhauer und einem Augenzwinkern, das Buch vor der Erstlektüre doch bereits einmal gelesen zu haben. Wie? Ausgezeichnet! Diese hübsche Unmöglichkeit würde aber den Leseertrag gewiss beträchtlich steigern.

Weil aber das Aus-dem-Sumpf-Ziehen am eigenen Haarschopf so verteufelt schwer ist, setze ich einige meiner Einsichten an seinen ganz jungfräulichen Anfang – und falle mir damit selbst in den Rücken meiner methodischen Überzeugungen. Wie dem auch sei. Auf diese Weise ermögliche ich einen Überblick und jedenfalls eine Ahnung davon, wohin unsere gemeinsame Reise führen wird.

In diesem Buch beschreibe ich Glück als eine *Realität irdischer Maßstäbe.* Glück als konstruiertes Ideal begegnet uns vor allem im ideengeschichtlichen Anhang bei Platon und im Christentum. Eine Realität, in der Menschen sich in ihrem *Dasein dauerhaft und tief bejaht erleben,* präzisiere ich.

Ich bemühe mich zu zeigen, dass das, was über Glück *entscheidet,* nicht unwesentlich in uns *selbst wurzelt* – statt in Gütern und Gaben, die uns widerfahren. Ich mache plausibel, dass dauerhafte und tiefe Daseinsbejahung *gelingenden Selbstbezügen* entspringt, d.h. Verhaltensweisen zu uns selbst, die erheblich positiv in uns räsonieren und die wir *tätig formen können.* Merkmale dieser Selbstbezüge sind etwa die *Tiefe,* in der sie in unserem Kernselbst wurzeln, ihre *zeitlich* ausgedehnte *Erstreckung* sowie ihr *Beharrungsvermögen*, mit der Folge, dass Glück auch in schlechten Zeiten in uns anwesend sein kann.

Mit anderen Worten: Ich plädiere für die Auffassung, dass wir Glück gründlich missverstehen, wenn wir es mit einem zwar intensiven, aber flüchtigen Hochgefühl verwechseln, das wir uns ohne größeren Aufwand, ohne innere Anstrengung, verschaffen und *besitzen* bzw. *haben* können wie ein Paar neuer Schuhe. Womöglich verschwinden diese dann bald in einem Schrank voller abgelegter und vergessener Fußbekleidung.

1. Von Tatsachen und Thesen

Aber beginnen wir von vorn und mit einer Portion Geduld im Reisegepäck. Zu diesem Anfang gehört die bedauerliche Feststellung, dass es nicht viele *Tatsachen* in Sachen Glück zu vermelden gibt. Zwei scheinen mir gute Kandidaten dafür zu sein. Erste Tatsache:

Sterbliche streben nach Glück ...

Auf die Frage, was die Leute vom Leben fordern, antwortete Sigmund Freud 1927, man würde am Verhalten der Menschen *„als Absicht und Zweck"* erkennen können, dass sie *„glücklich werden und so bleiben"* wollen.

Wahrlich, diese Position war keine Eintagsfliege unter den Auffassungen vom Strebensziel. Im Gegenteil, die größten Denker im Abendland haben sie kanonisch gemacht. Vor beinahe 2400 Jahren notierte Aristoteles: alle seine Zeitgenossen würden nach *„Glückseligkeit"* (gr. eudaimonia) streben, *„dem obersten aller praktischen Güter".*

Epikur, der verkannte Aufklärer, schrieb: *„Zu beherzigen gilt es denn, was das Glück verschafft; denn ist es anwesend, haben wir alles, ist es abwesend, tun wir alles, damit wir es haben".*

Neros erfolgloser Erzieher, der steinreiche Seneca, gab zu Protokoll, dass *„sich nun wohl alle ein glückliches Leben wünschen ...".* (Der Advokat Cicero behauptete sogar, dass die ganze Geltung der antiken Philosophie darauf beruhe, den

Menschen ein *glückliches* Leben zu *ermöglichen* (1)! Ich erwähne das nur, weil es stimmt.)

Der Kirchenvater und Ketzerverfolger Augustinus bekräftigte im 5. Jahrhundert, dass *„alle Menschen glücklich sein wollen ..."*; ebenso Boethius, der Verfasser eines seinerzeit viel gelesenen Trostbuchs im sechsten: *„Alles Dichten und Trachten der Menschen"* ziele *„auf das eine letzte Ziel, die Erlangung der Glückseligkeit".*

Elfhundert Jahre später ist die Antwort immer noch die gleiche. In der Französischen Großen Enzyklopädie heißt es: *„Alle Menschen verbindet das Streben, glücklich zu sein".* Übrigens ein Verlangen, dass in der amerikanischen Verfassung von 1787 zum unveräußerlichen Menschenrecht erhoben wird.

In den „Brüdern Karamasoff" kündet der Mönch Sosima: *„Denn zum Glücke sind die Menschen ja geschaffen. Wer völlig glücklich ist, der ist geradezu gewürdigt, sich selber sagen zu dürfen: ich habe Gottes Willen erfüllt auf dieser Erde."* Und am 6. Juli 1916, mitten im Krieg, vertraute der junge Ludwig Wittgenstein mit Hinweis auf Dostojewski seinem Tagebuch an, dass *„der, welcher glücklich ist, den Zweck des Daseins erfüllt".* Elf Jahre später datieren dann die Sätze Freuds, und der Kreis schließt sich hübsch.

Dass der Mensch nach Glück strebt, scheint nahezu gewiss. Ich nenne diese Feststellung die *Strebenstatsache*. Später werde ich *begründen*, warum wir dergestalt streben. Wer sie bestreitet, mag einzelne Abweichler für sich ins Feld führen können, aber er vermag nicht, die Annahme über den Haufen zu werfen, dass die Mehrheit der Sterblichen Glücks-Streber sind.

Ob Glück womöglich ein *europäisches* Konstrukt sei, eines, das in Kulturen anderer Erdteile gar nicht vorkommt, diese berechtige Frage in Zeiten einer lautstark geäußerten Kritik eurozentristischen Weltverstehens möchte ich wenigstens erwähnen. Einer solchen Lesart stellen sich jedoch eine Reihe von zeitgenössischen Soziologen, Ethnologen und Glücksforschern in den Weg. Sie sind der Auffassung, dass das Streben nach Glück eine kulturübergeifende anthropologische Tatsache sei (2). Einer unter ihnen, der renommierte niederländische Glücksforscher Ruut Veenhoven, vertritt die Mehrheitsmeinung, Glück sei ein *„universelles Gefühl"*, das auf ein *„gemeinsames menschliches Erfahrungsspektrum"* zurückgehe. Glück, so Veenhoven, sei nicht abhängig von spezifischen, kulturell geprägten und individuellen Wünschen, sondern *„von der Befriedigung universeller Bedürfnisse"* (3). Ich schließe mich dieser Position an und bemühe mich, wie gesagt, später (im 5. Kapitel) zum Aspekt des Universellen einen Beitrag zu leisten.

Ist es also wirklich zweifelhaft, dass sich Menschen seit Jahrtausenden nach einem höchsten Ziel sehnen, das sie Glück nennen? Keineswegs. Zugleich ist es eine Tatsache ersten Ranges, dass sie – trotz ihres Sehnens oder vielleicht gerade deshalb?! – kein klares Verständnis davon entwickelt haben, was denn dies Glück sei. Deshalb sah sich Aristoteles genötigt, seine Aussage von oben zu ergänzen. Die Menschen strebten *„dem Namen"* nach nach Glück. Denn was es sei, *„darüber streiten sie"*. Zweite Tatsache.

... aber was Glück sei, darüber streiten sie

Das Wort Glück mag zwar einen guten Namen haben, aber einen sehr *unbestimmten* Sinn. Manche meinen, auch einen schlechten Ruf.

Jeder stellt sich etwas anderes vor. Man redet nicht über dasselbe. Stuhl. Tisch. Rasierseife. Darüber sind wir uns nicht im Unklaren. Aber Glück? Unbestimmtheit und Verwirrung wo man hinsieht! Zum Beispiel beginnt es im *Deutschen* damit, dass nur ein Wort zur Verfügung steht. Nämlich das *Wort Glück*, mit dem wir ausdrücken, was in anderen Sprachen jedenfalls auf zwei oder drei Ausdrücke verteilt ist. Im Englischen ist mehr Differenzierung möglich. Man verwendet *luck* für ein Glück, dass sich zufällig ereignet, *pleasure* für ein flüchtiges gutes Gefühl und *happiness* für ein Wohlbefinden, das länger *andauern* kann (4).

Das Durcheinander im Deutschen wird sichtbar, sobald man den Sprachgebrauch bemüht. In Sprichwörtern und Redewendungen taucht das Wort Glück in den unterschiedlichsten Zusammenhängen auf. Wir reden vom „Glück im Unglück", wenn etwas Schlechtes eintritt, es aber zwei Seiten hat, eine positive und eine negative – wägt man die Sache nur gründlich ab. Wir sagen: „Dem Glücklichen schlägt keine Stunde". Dann ist man losgelöst von allem. Meint ein Gefühl zeitenthobenen Rausches, himmlischen Freudentaumels. Ähnliches bedeutet der Ausspruch vom „wunschlosen Glücklichsein". Jetzt mangelt es einem an nichts mehr.

Auch hört man sagen: „Jeder ist seines Glückes Schmied". Glück sei, meint man hier, etwas Herstellbares, man habe es jedenfalls fest in der eigenen Hand. „Glück ist wie Glas – wie leicht zerbricht das". Nun ist Glück eine unsichere Angelegenheit. Es kommt und geht wie der Wind. Und wer vom Pech verfolgt ist, dem sagen wir, er sei „vom Glück verlassen". Ferner liest man vom Glück der Hingabe und dem der Elternschaft, vom Glück der ersten Liebe und vom Glück des gemeinsamen Alterns. Überdies vom Glück der Genesung, dem der Freundschaft, des Schaffens und der Entdeckung neuer Länder. Selbst vom Glück des Kochens in eigener Küche wird berichtet.

Die Aufzählung erinnert uns an die Postkarten mit den Glück-ist-Sprüchen. Ebensolche gibt es auch zum Thema Liebe-ist, Hoffnung-ist usw. Nun ist der Sack des Glücksbegriffs randvoll, er droht zu platzen, und alle Glücke, längst ineinander verknäult und unkenntlich, purzeln wieder heraus und man ist so schlau als wie zuvor. Anders gesagt: Das Wort Glück wird missbraucht als *„Ablageplatz"* für all das, was irgend positive Gefühle macht.

Immanuel Kant klagte zurecht, als er feststellte, es sei ein *„Unglück, dass der Begriff der Glückseligkeit ein so unbestimmter Begriff ist, dass, obgleich jeder Mensch zu diese(r)m zu gelangen wünsche, er jedoch niemals bestimmt (...) sagen kann"*, was er eigentlich damit meine.

Ob der ebenfalls große Aufklärer aber selbst genug zur Klärung des Glücksbegriffs beigetragen hat, darf bezweifelt werden (s. Anhang S. 177ff).

Aber es kommt noch schlimmer.

Vertieft man sich in die Geschichte der philosophischen Ideen (und Hirngespinste), so stellt man mit Erstaunen fest, dass dort, im Lande der Meisterdenker, scheinbar völlig *Gegenteiliges* über das Glück gesagt wurde. So lehrte im hohen Mittelalter der heilige Thomas (in Anlehnung an Aristoteles, seinen Meister), dass der Mensch nach Gott natürlicherweise strebe. Dies sei sein wahres und einziges *Grundbedürfnis*. Dort, im Leben nach dem Tode, käme er in sein endgültiges Heil, ein Glück, das im Ewigen gründe. Ausgezeichnet.

Viele Menschengenerationen später befand hingegen Freud, es seien gewisse Triebe, die das Handeln des Menschen lenkten. Unter der Regie des Lustprinzips – ein weiteres rangerstes *Grundbedürfnis*, das uns Menschen antreibe – entspringe Glück *„im strengsten Sinne (...) der eher plötzlichen Befriedigung hoch aufgestauter Bedürfnisse"* und sei *„seiner Natur nach nur als episodisches Phänomen möglich".* Eine Lust, die dem Menschen auf der Stufe zivilisierter Kultur leider schlecht bekäme. Denn dieser müsse er sich möglichst enthalten, weil sie sein Leben als Kulturwesen gefährde. Deshalb habe homo sapiens Lustverzicht zu üben, mit der Konsequenz, nicht glücklich, wohl aber neurotisch zu werden.

Die kurze Gegenüberstellung will nur zeigen, noch gleichsam in der Nussschale, wie breitgefächert, was sage ich, wie nachgerade skandalös *widersprüchlich* die Positionen zum Glück ausfallen.

Während das eine Deutungsextrem vom erdachten Ewigen ausgeht, sozusagen von oben, und Glück für Jahrtausende im Gottesbezug ans Himmlische fest schmiedete und im Gegenzug jedes irdische abwertete, setzte die andere Extremvariante am Vital-Triebhaften an, also unten, um Menschenglück auszulegen. Den einen galt die Sinnlichkeit als Ursprung von Glück, und nur sie. Den anderen der denkende und glaubende Bezug zum Himmlisch-Ewigen, und selbstverständlich nur dies.

Nun, wir sollten uns von diesen alteingesessenen Glücksmissdeutern und Unheilstiftern nicht ins Bockshorn jagen lassen und es versuchen, besser zu machen.

Fragen wir noch, was der Grund dieses bedenklichen Tatbestandes ist, das skandalös Schillernde des Glücksbegriffs?

Die propagierten Einseitigkeiten sich *absolut* setzender *Ursprünge* von Glück spiegeln *einseitige* Begriffe vom Menschen. Die einen dachten ihn als reines Vernunftwesen, die anderen als bloßes Sinnenwesen. Wir müssen dahinter eine Kampflinie geistiger Mächte erkennen, die in der Geschichte gegeneinander antraten.

Ging es um das Höchste im Menschen, dann betrat man unweigerlich den Kampfplatz widerstreitender philosophischer und theologischer Positionen. Tatsächlich glichen die Definitionen von Glück großen *„Konfessionen"* im geistigen Kampf um die Meinungsführerschaft im Abendland.

Vielleicht wurden wir mehr als zwei Jahrtausende über den Gegenstand Glück *systematisch verwirrt* und in *Unkenntnis* gesetzt und gehalten, weshalb wir vom rechten Weg abgekommen sind, das Phänomen zu begreifen? Denkbar wäre, dass wir sozusagen den großen Denkern, allesamt auch große Übertreiber, die einen einzigen Gedanken zum Tyrannen über alle anderen erhoben haben, auf deren ausgestrichenen *Definitionsleim* gegangen sind – und dies von Platon bis Schopenhauer und Freud. Glück erfuhr entweder eine Herabstufung zur bloßen Lustbefriedigung (billiges Glück) oder wurde fest an den Gottesbezug geknüpft, um es desto mehr erhöhen zu können (Idealglück.) Der Philologe und Philosoph Hans Krämer sah klar, als er auf Strategien hinwies, Glück *„zugunsten von sogenannten höheren Zwecken zu entwerten, zu manipulieren* *oder gar zu stigmatisieren und mit einem permanenten Legitimationsdefizit zu belasten"*.

Es waren ja dieselben Denkergestalten, die die Definitionshoheit der Grundbegriffe unseres Selbst- und Weltverstehens eroberten (und von ihren Nachfolgern verwalten ließen), indem sie die begrifflichen und metaphorischen Unterscheidungen wie Freiheit, Gerechtigkeit, Geist, Gott, Materie, Mensch, Moral, Sinn, Wahrheit, Wirklichkeit, aber auch Glück schufen. Hans Blumenberg nannte sie *„Daseinsmetaphern"*. Sie geben das begriffliche Gerüst ab, mit Hilfe dessen wir die Welt und uns als menschliche Wesen begreifen. Oder sollte ich richtiger sagen: das Begriffsnetz, in dem wir allesamt zappeln?

Ich bleibe beharrlich: Da ist also dieser zementierte Gegensatz von Sinnen- und Vernunftwesen als Referenzgrößen von Glück, an denen sich die Geister schieden. Das Erleben starker Lustgefühle sei Glück. Glück entspringe gereizten Sinnen. Vortrefflich. Damit ist ein Glück ausgeschlossen, das sich zeitlich erstreckt. Die Lust im Genuss lässt das nicht zu. Sein Zeitmaß berechnen wir in Minuten und Stunden. Dauer und Solidität hingegen verheiße ein Glück, das sich dem Ewigen verdanke. Aber wenn wir das Denken vom Göttlichen abkoppeln, das *Denken* – wie Hegel noch – nicht mehr als Gottesdienst begreifen? Wenn wir überhaupt auf Gott verzichten wollen? Wenn wir uns die Ohren verstopfen vor einem versprochenen Glück, das seit zweitausend Jahren in einem *„ekstatisch-superlativen Klang"* ertönt? Noch heute. Ich erlaube mir den blasphemischen Spaß: ideengeschichtlicher Tinnitus! Stehen jene, die ein *irdisches*, ein Diesseitsglück erstreben, das *andauern kann,* dann im Regen, weil es einem Messer ohne Klinge gleicht, an dem der Griff fehlt?

Von Wirsingkohlen und Sodbrennen oder über den Unterschied von Wort und Begriff

Unterscheiden wir *Wort*, Name oder Ausdruck für eine Sache von seinem *Begriff*.

Es *gibt* fraglos Wirsingkohle oder Rollmöpse. Statt Rollmops könnten wir jedes beliebige andere sprachliche Zeichen gebrauchen. Wir könnten sogar für Rollmops Wirsingkohl und umgekehrt sagen. Das tut nichts zur Sache. Was hingegen etwas wirklich ist, das bestimmt, umgrenzt, definiert der *Begriff*. Das ist keineswegs beliebig. Ein Wirsingkohl ist z.B. ein Kopfkohl und als solcher eine Kulturvarietät des Gemüsekohls; der Rollmops ganz gewiss nicht.

Im Begriff versammelt man die zutreffenden *Merkmale* eines Dinges, das das Wort lediglich aussagt. Im Begriff erfolgt eine Definition, eine inhaltliche Abgrenzung und das Unterscheiden von anderen Dingen. Wenn wir aber nicht wissen, was das Wort Glück *meint,* dann fehlt uns also sein Begriff.

Anders gesagt: Das sprachliche Zeichen Glück zeichnet sich nicht nur in deutscher Sprache durch inhaltliche Vieldeutigkeit bzw. erhebliche Umfangsweite aus. Die Ausdehnung der Bedeutung eines Ausdrucks gleicht der Menge der Dinge, auf den er zutrifft.

Wie gelangen wir zu einem plausiblen Begriff von Glück?

Aber setzt die Frage nicht bereits voraus, dass wir es überhaupt mit einem abgrenzbaren Phänomen zu tun haben? Denkbar ist, dass das Gesuchte einem höchst Veränderlichen, Verschiedenartigen, Subjektiven und Flüchtigen gleicht. Unterstellen wir nicht eine Einheit, die gar nicht bestehen muss? Womöglich existiert Glück gar nicht im Singular, sondern nur im Plural? Mehr noch: vielleicht sollten wir uns vom Wort Glück ganz verabschieden, weil der Ausdruck so sehr aufgeladen ist mit unbestimmter, ja widersprechender Bedeutung?

Wir suchen uns zu *orientieren*.

"Was ist X?" sind Definitionsfragen. Was ist eine Mondfinsternis? Was ist Sodbrennen? Was ist ein Blauwal? Was ist ein Atom?

Diese Fragen erfahren in den Wissenschaften eine *Erklärung*. Wir erhalten sie durch das Beobachten und Messen von Objekten aus der Beobachterperspektive, wie man sagt. Es ist das Verfahren des Objektivierens, d.h. das "Freilegen" eines Weltausschnitts jenseits subjektiver Einflüsse durch technische Instrumente. Seien das nun Thermometer, Teleskope, bildgebende Verfahren der Hirndarstellung oder standardisierte Interviewfragen in den empirischen Sozialwissenschaften.

Blauwale und Sodbrennen sind natürliche in der Welt vorkommende Entitäten, Seiendes. Blauwale und Sodbrennen lassen sich vortrefflich voneinander und von anderem Seienden *unterscheiden*. Stereotyp-Meinungen werden in den Wissenschaften ersetzt durch deutliche und klare Begriffe.

Neue natürliche Arten von Phänomenen wie Elektronen sind häufig das Ergebnis anfänglicher Mutmaßungen, die allmählich in begrifflich präzisierte Theorien überführt werden.

Stellen wir uns vor, es brennt scharf in unserer Speiseröhre. Saures Aufstoßen kommt dazu. Es nimmt uns den Atem. Wir könnten darauf gut verzichten. Wir wissen nicht, was es ist. Haben dafür weder einen Namen noch einen Begriff. In einem Buch finden wir bald Wort und Begriff. Wir können aber auch zum Arzt gehen. Der sollte auch Bescheid wissen.

Denk dir nun, du lebtest in einer Zeit, da weder Wort noch Begriff von Sodbrennen bekannt waren. Wie kam man aber dazu?

Wir wissen es längst: Durch beharrliches Beobachten, Vergleichen, Abgrenzen, Beschreiben. Vortrefflich. Nun ist Wissen da. Nicht-Wissen überwunden. Vielleicht entdeckt man zum Sodbrennen irgendwann noch ganz Neues. Dann wird der Begriff in Teilen oder sogar ganz korrigiert oder verworfen. Das passiert. Alles steht auf dem Prüfstand. Auch in der Physik. Kausalität, Raum, Zeit, Materie, nichts ist im Letzten gewusst. Irgendwann stellt sich heraus: Was wir bisher über die Phänomene dachten, war falsch. Gerade, lese ich, bezweifelt man in der Astrophysik die Tragweite der Dunklen Materie. Man versucht gewisse Phänomene nun ohne sie zu erklären.

Hat man einen zureichend exakten Begriff von etwas, zum Beispiel von einem Wirsingkohl, ist das Unterscheiden von Rollmöpsen spielend leicht, sogar von anderen Kohlarten.

Nimm den Begriff Stuhl. Wir sind in der Lage zu sagen: Dort, in der alten Scheune, liegen sechs Stühle und nicht irgendetwas Unbestimmtes anderes. Wir müssen nicht mutmaßen. Wir können die Sachen als Stühle identifizieren.

Halten wir fest: Wir können entweder von einem bereits bewährten Begriff ausgehen und mit ihm Wirklichkeit unterscheiden und identifizieren, d.h. Allgemeines, Gemeinsames an etwas Einzelnem feststellen. Die Gegenstände in der Scheune sind Stühle. Oder wir erforschen einen bestimmten, isolierten Wirklichkeitsausschnitt, ohne schon über einen Begriff von ihm zu verfügen. Nach einiger Zeit haben wir die nötigen Kenntnisse erworben und hinreichend gute unterscheidende Begriffe gebildet: Atom, Sodbrennen, Schwarzes Loch.

Diese Begriffe werden in das Arsenal der Wissenschaften eingestellt, und es wird sich zeigen, ob sie sich bewähren, d.h. Wirklichkeit auf Dauer korrekt beschreiben.

Zurück zu unserem Gegenstand.

Sowohl das eine als auch das andere scheint beim Glück undurchführbar. Wir besitzen weder einen hinreichend präzisen Begriff, wie Wirsingkohle einen zu bieten haben, noch wissen wir hinreichend gut, welche Phänomene in den Blick genommen werden müssen, um durch ihr Untersuchen einen Begriff von Glück zu bilden.

Aber wonach *streben* die Menschen denn? Hatten nicht die größten Philosophen unisono verkündet, es sei das ein Trachten nach Glück? Ist es nicht vielmehr ein *zielloses* Streben, das wir feststellen müssen? Eines, ohne klares Ziel, weil davon eine deutliche Vorstellung fehlt. Kann man denn nach etwas Streben, das man gar nicht kennt? Vielleicht streben die meisten nach dem naheliegend *Angenehmen* oder nach Mitteln, die ihnen angenehme Gefühle verschaffen? Womöglich grassiert ein ganz unerhörtes *Verwechseln* von dem, was bloß angenehm ist, und Glück, dem Ziel aller Ziele! Um das eine vom anderen abzugrenzen, dazu bräuchte es aber Kriterien. Und diese sind Mangelware.

So mancher verweist in diesem Zusammenhang auf die empirische *Glücksforschung*. Da wird Glück sehr unbestimmt als *Wohlbefinden* definiert. Darauf fragen sie die Leute, wann sie glücklich waren, will sagen, sich wohl befunden haben. Und sie bekommen zur Antwort: im Urlaub, bei erfolgreicher Arbeit, in der Partnerschaft, in Gesellligkeit usw. Nun verfügen wir über *Faktoren,* die Wohlfühlen *fördern*. Auch erfahren wir bei Gelegenheit, das Geld nicht glücklich macht.

Aber wohlgemerkt: was Glück sei, ist ja vorausgesetzt bei all dem messerscharfen und datenschweren Forschen. Da aber jeder Befragte seine eigene Auffassung hat und haben soll, was Glück sei: was erfragt und misst man dann denn eigentlich? Es lohnt, darüber nachzudenken.

Was von wissenschaftlicher Seite explizit verweigert wird, nämlich einen anspruchsvollen Begriff von Glück zu versuchen, scheint mir demgegenüber eine tatsächlich lohnende Aufgabe. Aber wie geht man eine solche Begriffsbildung an?

Was wir meinen könnten, wenn wir fragen, bist du glücklich?

Wie beschaffen ist Glück also?

(Zweck dieses Abschnitts ist, eine Vorstellung zu wecken bzw. wachsen zu lassen. Später, im 4. und 5. Kapitel, wird aus der hingeworfenen Skizze ein ausgearbeitetes Porträt auf Leinwand in Öl. Bis dahin ist es aber noch ein weiter Weg.)

Manchmal kommt es vor, dass wir Menschen begegnen, ganz unverhofft, die einmal gute Freunde von uns gewesen sind. Umstände und Jahrzehnte haben uns entfernt, und dann fragen wir: Wie ist es dir ergangen in all den Jahren? Bist du glücklich, ein glücklicher Mensch geworden? Angenommen wir fragen diese Frage: wonach fragen wir?

Erkundigen wir uns dann etwa nach einer Wirklichkeit, die der Rede nicht wert wäre? Nach einer Lebensgestalt ohne Solidität? Vielleicht nach etwas ganz Unbeständigem? Oder fragen wir vielmehr nicht umgekehrt nach etwas in der Tat Dauerhaftem. Nach etwas im höchsten Maße *Wünschbarem,* das wir als irgendwie *möglich* auch voraussetzen? Nach einem *beständigen Gutgehen*, ohne dass wir eine Vorstellung davon haben, wie es dazu gekommen ist und worin es besteht?

Wonach fragen wir? Nach dem Moment einer kurzbemessenen Euphorie? Dem Aufschwung am ersten Urlaubsmorgen? Dem Herzrasen einer beginnenden Liebe? Dem Musenkuss im schöpferischen Akt? Dem Gipfelgefühl nach bewältigter Bergfahrt? Dem Hochgefühl nach Fertigstellung des Hauses oder des großen Romans?

Denkbar wäre aber auch, dass wir nach der *Gestalt* eines besonderen, weil *tiefen* und *dauerhaften Erfülltseins* oder *Gelingens* fragen. Nicht von Ungefähr stammt das Wort Glück sprachgeschichtlich von „Glücken" = Gelingen ab (5).

Fragen wir uns einmal – nicht nur zum Spaß –, ob man wollen kann, dass das eigene Leben misslingt? Statt Misslingen gebrauche andere Worte. Meinetwegen sag: Man will sich möglichst verneint, vernichtet, unglücklich erleben. Können Menschen das ernsthaft *wollen?* Aus ganzem Herzen, sozusagen? Nimm bitte die Lebensmüden unter uns aus. Lass auch die asketischen Meister-Selbstquäler außen vor, denen es nichts ausmacht, ein paar Jahrzehnte in feuchten Höhlen wie Fledermäuse an den Füßen aufgehängt zu verbringen. Ich rede von solchen, die dem Leben nicht völlig abgestorben sind.

Epikur, Besitzer und Bewohner eines schönen Gartens vor den Toren Athens, leugnete das. *„Niemand erblickt ein Übel"*, schrieb er in seinen *„Sprüchen", „und wählt es dennoch"*. Dass man es dennoch betreibt, das Misslingen, weil man es nicht besser vermag *(„man wird von ihm geködert, als sei es ein Gut, und läßt sich von dem Übel, das größer ist als das Gut, einfangen"):* aus diesem Umstand abzuleiten, dass man es auch schon wolle, wäre zu kurz gesprungen. Es wäre immerhin denkbar, dass man sich in Unkenntnis der Bedingungen eines gelingenden Lebens befände. Das Leben stellt gewiss konkrete Aufgaben in Fülle und diese fordern Lösungen. Aber begründet diese Not schon zu genüge, dass wir beim Kauf jedes technischen Hilfsmittels mehr Gewissenhaftigkeit investieren als bei der Frage, was die Zutaten einer guten Lebensführung sind?

Womöglich fragen wir also nach einem Gelingen, das mehr als nur einzelne Handlungen betrifft, die jeweils glücken. Und damit nach einer Glücksgestalt, die zwar weit unterhalb eines bloß versprochenen Jenseits-Glücks läge, aber zugleich doch ein ganzes Stück oberhalb des zeitlich begrenzten, einzelnen Wohfühlmoments.

Ein Satz von Nicolas Chamfort lautet: *„Das Glück ist keine leichte Sache: es ist sehr schwer, es in uns selbst, und unmöglich, es anderswo zu finden"*.

Hab jetzt bitte keine Eile. Denke diesem Satz nach. Meinethalben schließe das Buch und öffne dein inneres Auge.

Zunächst, heißt es, dass Glück keine leichte Sache sei. Wer hätte das *nicht* gedacht. Das sei ihm also geschenkt. Nun lass uns fragen, was leicht zu haben ist in Sachen Wohlfühlen? Zum Beispiel der Genuss des Abendessens bei Kerzenschein – vortrefflich. Die Lust im Liebesakt – fraglos auch die. Das Vergnügen beim Kauf eines Gegenstandes, der uns in vorteilhaftes Licht rücken wird – wem es beliebt. Der verschaffte Urlaubsmoment am Meer. Die Umarmung der Kinder, die noch klein sind und die Nähe zu Vater und Mutter suchen. All dies ist leicht zu haben. Wir sehen das unschwer ein.

Nehmen wir nun einmal an, Chamfort meinte, Glück ginge auf ein *umfassenderes* Gelingen zurück, das uns Menschen möglich wäre. Das ein Glück zum Resultat hätte, von dem wir Grund hätten zu sagen, es sei beträchtlich solider als Seifenblasen. Ein Glück, das nicht gleich wieder verflogen ist wie Parfüm auf Pfirsichhaut. Ein verlässliches, vielleicht sogar in krisenhafter Zeit anhaltendes. Das wäre freilich in der Tat keine leichte Angelegenheit.

Das also einmal angenommen – hätten wir jetzt die Auskunft zu erbitten, was es denn mit dem Nicht-Leichten des Glücks auf sich hat? Was teilt uns der gute Mann mit, sei dieses Schwere also?

Es in uns selbst zu finden und *nur* in uns! Denn unmöglich sei es, ihm anderswo habhaft zu werden. Dann hätten wir seinen Ursprung also in dem Riesenreich, das wir unser *Selbst* nennen, zu suchen und zu fragen, wo die *Quellen* dieses heilenden Wassers entspringen (6)?

Und wir müssen das „unmöglich, woanders", dies ausschließliche „nur" in der rechten Schärfe auffassen: „nur" in uns sei es zu finden. Das klingt rigoros. Es bezieht ein, dass Glück *unmöglich* durch *Äußeres*, denke an materielle Güter, Reichtum, Ruhm oder Erfolg zu „haben" sei. Meiner Auffassung nach besagt es aber nicht, das alles Äußere ganz zu vernachlässigen wäre. Ein Mindestmaß an materieller Sicherheit darf zum Beispiel nicht fehlen.

Dass ein solches *„erfülltes Innesein"* unserer selbst nicht von äußeren Dingen *abhängt*, ist uns bekannt aus dem Märchen von Hans im Glück. Es ist eine Binsenweisheit. Aber ist sie deshalb schon falsch? Übrigens bestätigt moderne Glücksforschung diese Ansicht weitgehend. Kluge Menschen aller Zeitalter wussten das freilich schon immer. Wachsender Wohlstand führt nicht zu wachsendem Glück. Mehr *Haben* durch Konsum führt nicht automatisch zu Glückszuwachs, sondern umgekehrt oft in eine gefährliche *Steigerungsspirale.* Je mehr wir besitzen, desto mehr wollen wir haben. Die Annahme, dass eine wachsende Zahl von Europäern heute jenseits des Konsums nicht mehr weiß, dass es Wohlergehen auch ohne Gütererwerb gibt, mag nicht von der Hand zu weisen sein (7).

Aber das ist gar nicht der springende Punkt, der jetzt zur Verhandlung steht. Sondern, eine Glücksgestalt irdischer Proportionen sichtbar und denkbar zu machen, dessen Ursprung innere, gelingende *Selbstbezüge* wären, von denen jedenfalls eine ihrer Qualitäten in ihrer zeitlichen Erstreckung läge.

Nun gelingt uns ja so manches, eine berufliche Aufgabe, die wir mit Bravour bewältigen, ein Genuss, der unsere Sinne reizt; eine beliebige Tätigkeit, die positiv ausgeht, die Gardinenstange im Wohnzimmer hält, der Nachbar mäht den Rasen nicht mehr um 6 Uhr in der Früh, denn wir haben ihn darum nachdrücklich gebeten. Aber sollte wirklich solch Gelingen das Ziel aller Ziele sein? Ausdrücklich spricht Chamfort von einem inneren Gelingen. Wie wäre ein solches aufzufassen?

Vielleicht als die Art und Weise, wie wir *zu uns selbst stehen*, wie wir uns *zu uns selbst verhalten* und wie wir unser Leben aktiv *führen.* Vielleicht lohnt es, dies Gelingen als einen kleinen Strauß besonderer *Beziehungen zu uns selbst* aufzufassen, die wir unterhalten können und deren Vollzug uns erstaunlich gut bekommt. Sie wären ein *wesentlicher* Teil von uns, wären uns nicht äußerlich wie ein Mantel, den wir beizeiten ablegen und wieder anziehen.

Und noch einmal: Wenn diese ebenso gelingenden wie erfüllenden *Selbstbezüge,* wie ich sie nenne, zusätzlich in zeitlicher Erstreckung in uns vorkämen – denkbar ist, dass sie überhaupt nur als sich zeitlich erstreckende „Bestandsstücke" unseres Selbstes wirklich sein können: dann besäßen sie das ausgezeichnete Vermögen, uns dazu zu *befähigen,* dass wir uns nicht nur stundenweise, sondern *dauerhaft* aus uns bejahen. Das gelänge, wie gesagt, weil diese Selbstbeziehungen selbst auf Dauer gestellt wären. Danach wäre also zu fahnden.

2. Von Einwänden, Irrungen und weiteren Fragen

Über Glück zu *sprechen* ist heute gar nicht selbstverständlich. Man täusche sich da nicht. Trotz oder aufgrund einer gewaltigen Produktion von Druckwaren zum Thema ist es einer ganzen Armada von Einwänden und Verdächtigungen ausgesetzt. Einige davon möchte gern vorstellen.

Warum de Gaulle und die Philosophen Schopenhauer, Nietzsche und Adorno niemals glücklich waren

Von intellektueller Seite ist die Rede von Glück nachgerade verpönt. Dazu einige Beispiele. Auf die Frage, ob er denn glücklich sei, soll Charles de Gaulle geantwortet haben: *„Ich bin doch kein Idiot"*. De Gaulle will uns damit sagen, dass Glück nichts anderes sei als Mangel an Intellekt.

Vordenker dieses weit verbreiteten Fehlurteils war der im fortgeschrittenen Alter weltberühmt gewordene Misanthrop Schopenhauer. In seinen populären „Aphorismen zur Lebensweisheit" hat er diese Ansicht gebetsmühlenhaft wiederholt: Je beschränkter einer im Geiste, schwadroniert er dort, desto glücklicher. Dummheit und Glück korreliere aufs Hübscheste miteinander (1).

Auf höherem gedanklichen Niveau spottet Nietzsche im „Zarathustra" über Glück. Es sei das Wohlbehagen eingeebneter Durchschnittlichkeit: *„Kein Hirt und eine Herde! Jeder will das Gleiche, jeder ist gleich: wer anders fühlt, geht freiwillig ins Irrenhaus … . Man zankt sich noch, aber man versöhnt sich bald – sonst verdirbt es den Magen. Man hat sein Lüstchen für* *den Tag und sein Lüstchen für die Nacht: aber man ehrt die Gesundheit. 'Wir haben das Glück erfunden' – sagen die letzten Menschen und blinzeln*". (Die letzten Menschen sind alle außer Nietzsche, besonders die Engländer! Lesen wir aber sein Gedicht: *Mein Glück*. Ich zitiere es in den Anmerkungen [2]. Wir dürfen den großen Denkern nicht alles glauben, was sie sagen.)

Weiter: Für das Publikum, das ohne die bunten Zeitschriften nicht auskommt und sich von den allabendlichen Fernsehserien unterhalten lässt, wird Glück als klebrig-süßes Zuckergusserleben aufbereitet. Das kann aber nicht folgenlos bleiben. Denn bald schon beginnt man – reflexhaft – danach zu verlangen. Was dann aber erfahren wird, ist bittere Enttäuschung.

Andererseits sprechen Menschen ungern vom Glück, weil sie es im Grunde nicht für eine reale Sache halten. Der Soziologe Hartmut Rosa hat das Kunstwort „*Alltagsbewältigungsverzweiflungsmodus*" erfunden für das durchschnittliche Lebensgefühl vieler Menschen, die sich oft als Glückspessimisten oder gar Glücksleugner zu erkennen geben, wenn man mit ihnen spricht. Damit reihen sie sich ein in die lange Geschichte von Sophokles bis Adorno, den ausgewiesenen Helden des Glückszweifels. Sophokles ließ im „Oedipus" vom Chor vortragen: „*Geschlechter der Sterblichen!/ Wie zähle ich euch gleich/ dem Nichts, solange ihr lebt!/ Denn welcher, welcher Mann trägt/ mehr des Glücks davon/ als Schein/ und nach dem Schein den Untergang?/ Drum (...) kann ich von Sterblichen/ nichts glücklich preisen*". Sehr hübsch.

Nach ihm verlautete Hiob: „*Der Mensch, vom Weib geboren, knapp an Tagen, ist großem Elend ausgesetzt. Sein Leib fühlt nur die eigenen Schmerzen, seine Seele trauert nur um sich selbst*". Das Leben, sagt er uns im Moment seines größten Schmerzes, könne nur erlitten werden. Und Sextus Empiricus teilt uns im 2. Jahrhundert über das Volk der Thraker mit, dass, wenn ein Kind geboren wurde, sie sich um es herumsetzten und beweinten (3).

Inhaltliche Varianten dieses Pessimismus gehen etwa so: Es gibt Glück nicht. Deshalb gibt es keine glücklichen Menschen. Oder: Es mag Glück geben, aber bei den meisten Menschen überwiegt doch Leiden und Unglück. Oder: Menschen mögen sich glücklich fühlen, aber nur deshalb, weil sie sich täuschen oder selbst belügen. Der Philosoph Theodor W. Adorno notierte: *„Wer sagt, er sei glücklich, lügt"*.

Dieser Satz darf nicht auf die leichte Schulter genommen werden. Ihn auszulegen, ihn auch nur annähernd verstehen zu wollen, liegt abseits meines eingeschlagenen Wegs. Tief gedachte und noch tiefer gefühlte Verzweiflung über den Menschen des 20. Jahrhunderts sprechen sich hier aus (4).

Ist eine Glückstheorie überhaupt möglich?

Prüfen wir, ob wir uns Folgendem anschließen wollen: Dass es nämlich *„kein externes Kriterium für das Erleben einer Person gibt"*; dass *„die Erfassung der Lebensqualität radikal subjektiv"* ist; dass die *„Expertin oder der Experte für die eigene Befindlichkeit (...) die befragte Person"* ist.

Daran sollten wir nicht deuteln. Wer kann für einen anderen *fühlen*? Das eigene Erleben: es ist *unhintergehbar.*

Machen wir uns nun folgendes Problem klar: Das Individuelle als das ganz und gar Subjektive entzieht sich jeder Theorie. Am 20. September 1780 schrieb Goethe an Lavater: *individuum est ineffabile.* Das Individuum sei niemals ganz zu fassen.

Eine Theorie begreifen wir aber als etwas, das Allgemeines, vielen Einzelnen *gemeinsam* Zukommendes erklärt oder verstehen macht. Ferner beruhen Theorien auf wohl definierten Begriffen. Dann wäre das bloß Individuelle, nur einmal so Vorkommende, nicht theoretisch zu fassen, sondern nur zu berichten oder zu erzählen. Für das Individuelle wären die Schriftsteller zuständig. Theorien sind nun mal notorische Verallgemeinerungen.

Sollte sich das Phänomen Glück ganz im Individuellen erschöpfen, wäre es folgerichtig nicht theoriefähig. Das hieße, wir könnten darüber nicht philosophieren. Eine begriffliche Anstrengung lohnte nicht, denn philosophieren heißt, Allgemeines erfassen.

Sind wir gerade dabei, zu radikalen Glückstheorie-Skeptikern zu werden? Am Ende der Fahnenstange kämen wir dabei heraus zu sagen: Glück sei eine Sache des jeweiligen Empfindens. Es sei dem Belieben individueller Präferenzen überlassen.

Dazu ist zu sagen: Der Bewertungsgegenstand liegt im Individuum und es gebietet souverän über ihn. Wir sprechen in diesem Falle von Bewertungssouveränität. Hans im Glück ist ein gutes Beispiel dafür. Objektiv verliert Hans immer mehr an Güterwert, doch subjektiv bleibt er im selben Glück.

Es gibt eine nicht aus der Welt zu schaffende *Relativität* des Glückserlebens auf das Subjekt hin. Diese verhindert eine verbindliche Glückstheorie, die nur eine allgemeine sein kann. Diese Relativität wird stets alle Versuche belasten, die eine inhaltlich gehaltvolle Glückskonzeption anstreben. Und weil ich eine solche in diesem Buch vorschlage, wird auch sie den *Makel* der Relativität tragen.

Dass man die Perspektive des Subjekts nicht verlassen kann angesichts des Glücks, heißt umgekehrt jedoch nicht, dass man nicht doch *Allgemeines*, d.h. tatsächlich vielen Menschen in der Beziehung auf Glück *Zukommendes* entdecken kann. Dem Nachweis dieser Auffassung gelten meine Darlegungen in den folgenden Kapiteln.

Der überwiegende Teil von Autoren, die sich dem Glück widmen, stiehlt sich aus der Definitions- und Theorieverlegenheit, indem sie geradezu inflationär Merkmale anhäufen, was Glück auszeichne, und vor allem *Situationen* aufzählen, die durch Wohlfühlen gekennzeichnet sind. Dies Verfahren, durch Aufzählen von Kandidaten für Tugenden zu einem Begriff von Tugend zu gelangen, hat Platon schon im Dialog „Menon" kritisiert. Sokrates weist das vage und beliebige Aufzählen ab. Auf diese Weise könne das *gesuchte Allgemeine* nicht entdeckt werden. Was Tugend sei, bleibt zutiefst *zweideutig*.

Nur wenige verweigern offen den Versuch, weil er unmöglich sei. Zu ihnen gehört der Philosoph Ludwig Marcuse. Er verspottet Definitionsversuche als „*ärmliche Antworten*", die „*hinter eine lange Geschichte des Nachdenkens – eine kurze Gedankenlosigkeit*" setzen. Nur die ganze Geschichte des Nachdenkens könne es definieren, befand er.

Mir leuchtet die Aussage nicht ein. Soll, indem wir uns dem Ideenstrom hingeben, eine Definition erscheinen wie die heilige Jungfrau Maria dem Kinde, dem es sich voll Gnade zeigt? Haben wir nicht Kriterien auszuweisen, die Abgrenzung erlauben?

Wer dennoch eine Glücksdefinition probiere, führte Marcuse dann fort, und dieser Einwand wiegt schwer, sage nur, was sein persönliches Glück sei. Mehr noch, jeder am Glücksbegriff sich Abmühende stünde unter dem Verdammungsurteil eines *dreifachen Betrugs:* Er betröge die anderen, da er ihnen eine Definition anböte, die doch nur für ihn selbst gelten könne. Er würde die anderen dazu verleiten, an sich selbst Betrug zu üben, da sie sich in eine fremde Glücksvorstellung einleben sollen, mit der Folge, ihr eigenes Glück zu versäumen. Schließlich betröge sich der Versucher selbst, da er sich vormachen würde, eine allgemeine Einsicht entdeckt zu haben.

Damit setzte Marcuse jedem Versuch, der eine Definition wagt, das Messer auf die Brust. Was ist darauf zu entgegen? Zunächst eine Erinnerung. Meine Gedanken wollen anregen, nicht überreden. Sie wollen Horizonte eröffnen, nicht verschließen. Sie wollen die Zirkulation von Gedanken fördern, nicht hemmen. Sie wollen zum Eigenen ermutigen und zur Besinnung beitragen, nicht dreifach betrügen. Jedoch kann auch das Gutgemeinte, das wissen wir alle, Schlechtes wirken!

Aber vielleicht sind die Betrugsvorwürfe, betrachten wir sie näher, zu beanstanden, weil sie auf wackligen Fundamenten ruhen. Der erste Vorwurf setzt als wahr voraus, dass eine Definition grundsätzlich nur für eine Person gelten könne. Woher diese unumstößliche Gewissheit? Marcuse bleibt den Nachweis schuldig. Was erst diskutiert werden müsste, hat er bereits für sich entschieden. Der zweite Vorwurf unterstellt ein Sollen, das gar nicht eingefordert wird. Würde etwa der gelehrte Mann behaupten, dass das Lesen der Schriftsteller, das Einleben in fremdes Leben die Folge hätte, das eigene zu versäumen?

Umgekehrt wird ein Schuh daraus. Es erweitert Denk- und Fühlräume und ermöglicht uns, uns selbst besser kennen zu lernen. Warum sollte es bei Bemühungen, wie dies Buch eines ist, anders sein? Weil hier nicht nur erzählt und beschrieben, sondern auch geschlussfolgert wird? Vielleicht denkt Marcuse von der Mündigkeit seiner Leser zu gering? Seine Attitüde ist die des übereifrigen großen Bruders, der meint, seinen kleineren Geschwistern zu Hilfe eilen zu müssen. Aber die wissen sich schon selbst zu helfen.

Der dritte Vorwurf hat eine andere Qualität. Zunächst setzt er als wahr voraus, dass es keine allgemeine Einsicht über Glück geben könne. Logisch gleicht dieser Vorwurf dem ersten. Er stellte sich als unbewiesen heraus. Und dennoch: Macht der sich etwas vor, der meint, zum Glück mehr aussagen zu können als nur persönliches Dafürhalten?

Den Unterschied machen – wie immer – Fruchtbarkeit und Plausibilität der Gehalte, die beschrieben werden, entdeckte Kriterien des Unterscheidens. Sie hängen ab vom Ausgangspunkt und der angewandten Methode. Wer behauptet, Glück sei das Gefühl, das man hat, wenn die Sonne morgens durchs Fenster scheint, müsste diese Definition vor der seines Nachbarn *ausweisen,* der dem entgegenhält, es sei vielmehr das Gefühl beim Niedergehen abendlichen Regens.

Wir sehen ein: Allgemeines bezieht sich auf Ähnlichkeiten, sich Durchziehendes, objektivierbare Strukturen also. Aber eben diese liegen dem individuell Erlebten *immer* zum Grunde. Gefühle fallen nicht vom Himmel wie das Manna im Alten Testament. Sie haben Ursachen und Gründe als deren Quellen und Ursprünge, die sich einer allgemeinen Beschreibung nicht entziehen. Weil sich Glück begreifen lässt auf dem Fundament von Selbstbezügen, die die menschliche Existenzweise konstituieren – deshalb sind sie allgemeine –, kann es eine Theorie des Glücks geben und wir entgehen dem gefürchteten Total-Relativismus.

Ein anderer Einwand, das Subjektive von Glück betreffend, stammt von Hans Blumenberg. *„Dass es vom Glück keinen objektiven Begriff gibt, ist ein Glück für uns. Es schützt uns vor denen, die unter der Vorgabe seiner Objektivität alle anderen zu ihrem Glück zwingen zu dürfen glauben"*.

Mich hinterlassen diese Sätze, die sich auf die abendländische Geschichte beziehen, tief betroffen. Dies zum einen, weil uns die Sätze daran erinnern, dass Ideologie, ob weltliche oder kirchliche, immer wieder zu einem „Glück" nötigte, das Herrschenden zupass war. Blumenbergs Gedanke erinnert daran, dass der Begriff Glück auf dem Kampfplatz der Menschenbeherrschung durch Ideen, Institutionen und Kriege eine unrühmliche Rolle gespielt hat.

Zum anderen, weil hier eine Verknüpfung hergestellt wird – über Zwang ins Glück zu führen –, die zwar versucht wurde, aber aus Gründen, die ich darlegen werde, illusorisch ist. Glück kann schlechterdings nicht verordnet oder erzwungen werden.

Schließlich verweise ich auf den Philosophen Wilhelm Schmid, der sich in Vorträgen und Büchern viel zum Glück geäußert hat. Auch für ihn gibt es *„keine verbindliche, einheitliche Definition des Glücks. Was darunter zu verstehen ist, legen letztlich"* die Leser seiner Bücher *„selbst für sich fest."* Aufgabe der Philosophie sei, *„lediglich etwas behilflich"* zu sein bei der *„Klärung der Frage: Was bedeutet Glück für mich?"*.

Das klingt bis hierher bescheiden und wirkt sympathisch. Tatsächlich unterscheidet Schmid verschiedene Glücksvarianten, um dann doch eine davon – man staunt! – zum *„eigentlich philosophische(n) Glück"* zu küren. Es ist übrigens stoischer Abstammung und folgerichtig Kind erheblich intellektueller Eltern. Diese Ambivalenz zeigt das *Dilemma* auf, in dem wir uns befinden angesichts des Versuchs, über Glück zu schreiben: Es als Subjektives nur erzählen zu können, aber als Philosophierende doch stets mehr zu wollen.

Halten wir fest: Jeder ist, wenn er sich denn bejaht erlebt, in *seinem* Glücke – einem unverwechselbar subjektiven Zustand des Wohlfühlens. Das *zwingt* uns, von unzählig vielen solcher „Glücke" (im Plural), Momenten also, in denen wir uns bejaht erleben dürfen, zu sprechen. Im *Letzten* jedenfalls. Das ist das eine.

Und im *Vorletzten*? Hier liegt das Feld meines Interesses! Es sei der Raum dessen, was sich als *Allgemeines* in uns aufweisen lässt, wenn wir im Glück sind. Ich präzisiere.

Man kann *Typologien* bilden, die Phänomene des Wohlergehens sortieren (5). Ein gutes Unterscheidungsmerkmal dabei sind deren *Herkünfte.* Wir stellen die Frage: wie sind sie entstanden? Was sind die Anlässe, dass wir uns bejaht erleben?

Dass in der Geschichte des Abendlandes zwei antipodische Großtheorien miteinander konkurrieren, habe ich erwähnt. Die eine beschreibt Wohlfühlen, das aus angenehmem Sinnenerleben quillt. Wir sollten es Lust oder Lustempfinden nennen. Die andere Theorie beschreibt, dass positive Gefühle aus dem Bezug zu Gott entspringen. Diesen Gottesbezug nennen wir Glauben oder Vertrauen.

Jedoch haben wir den großen Zwei eine ranggleiche dritte beizugesellen. Sie unterrichtet uns über „das Glück" des *Zufalls*, des positiven Widerfahrnisses also, auf welches wir keinerlei Einfluss haben. Man „hat Glück" ebenso wie wenn man – Pech habend – einen Beinbruch erleidet bei einem dummen Unfall.

Sieht man genauer hin, sind meines Erachtens weitere zwei bedeutende Phänomen-Spielarten, in denen wir uns bejahen, den großen Drei zu koordinieren. Das positive Erleben in der *Wahrnehmung* von *Gegenwart* etwa bei Epikur sowie in der Moderne das Hochgefühl in der *Liebesbeziehung*. (Siehe zu all dem den ideengeschichtlichen Anhang.)

So ist „Glück" im Abendland tatsächlich auf fünferlei Ursprünge bezogen und begriffen: als Zufallsfolge, als sinnlich-flüchtiges Lusterleben, als Resultat von Glaubens- und Denkakten, die das Göttlich-Ewige anpeilen, als Wahrnehmung von sorgenfreier Gegenwart sowie als Resultat einer gelingenden Partnerbeziehung.

Ich schicke mich aber an, sichtbar zu machen, dass diese Typologie *unvollständig* ist. Mehr noch, dass sie eine Gestalt von Daseinsbejahung ausspart, die alle übrigen zu *integrieren* vermag, die jede andere an *Dauer* und *Solidität* überragt und sich aus einer *Quelle* speist, die uns nicht äußerlich ist. Bevor ich aber diese Wirklichkeit beschreibe und bedenke, d.h. auf den Begriff bringe, erscheinen mir noch drei vorbereitende Zwischenschritte sinnvoll. Hier ist Schritt Numero 1.

Vom Grundparadox des Glücks

Der Dramatiker Heinrich v. Kleist schrieb einmal einen „*Aufsatz, den sicheren Weg des Glücks zu finden und ungestört – auch unter den größten Drangsalen des Lebens – ihn zu ge-*

nießen". Darin erweist sich der lebensmüde Literat als altkluger Erzieher seines Jugendfreundes Rühle, gänzlich erfolgloser Selbst-Hypnotiseur und gelehriger Schüler Kants und der Stoa. Deren Maxime lautete: lebe tugendhaft, d.i. i.w.S. sittlich und du wirst mit Glück belohnt – in der Stoa augenblicklich, bei Kant, ich unterrichte darüber im Anhang, bedauerlicherweise erst im nächsten Leben.

Was mich interessiert, ist die so viel versprechende Wortwahl des Aufsatztitels. Kann es diesen denn geben, diesen einen einzigen, sogar sicheren, den *Königsweg* ins Glück? Oder gibt es mehrere, mehrere sichere vielleicht oder doch nur mehrere unsichere? Oder weder sichere noch weniger sichere, sondern gar keine, weil sich Glück unserem Einfluss gänzlich entzieht?

Man darf vermuten, dass v. Kleist den Glücksweg jedenfalls für sich selbst nicht gefunden hat. Denn er nahm sich nicht nur mit 35 Jahren in Begleitung der jungen Henriette Vogel das Leben, sondern lebte diese kurz bemessene Zeitspanne auch zumeist unglücklich. In seinem letzten Brief, *„am Morgen meines Todes"*, wie er notiert, schrieb er an seine Schwester Ulrike: *„die Wahrheit ist, daß mir auf Erden nicht zu helfen war"*. Leider haben ein maßloser Selbstanspruch und verletzter Stolz daran großen Anteil gehabt. Genie schützt vor Lebensdiletantismus nicht.

Stimmt also, was für den großen, sprachgewaltigen Erzähler und Dramatiker für unumstößlich und richtig galt: Glück sei *herstellbar*! Denn, einen sicheren Weg wissen, heißt zu behaupten: wer ihn geht, besorgt damit sein Glück. Die Wegkarte *garantiert* das Ins-Ziel-Kommen.

Eine Anleitung zum Glücklichsein in 21 Tagen wird nur in gedankenlosen Büchern über Glück versprochen. Es scheint mir ganz unglaublich, sollten Menschen eine Anleitung der Art: erfülle folgende sieben Regeln und dir lacht das Glück – ernsthaft für möglich halten. Dahinter mag der Wunsch durchs Leben gehetzter Zeitgenossen stehen, sich punktuell gute Gefühle beschaffen zu wollen. Der Soziologe Hettlage spricht von *„kurzatmiger Bastelmentalität"* in der Form eines aufgeregten und eigentlich orientierungslosen Aktionismus. Vielleicht müssen wir resignieren und akzeptieren: Es gibt keinen vorzeigbaren Weg ins Glück, der für alle passt und in Kolonne zu gehen wäre.

Ihre Blüte hatte das Nachdenken über Glück und die Wege dorthin übrigens in der Antike, dem Aufgang des europäischen Denkens. Jede Philosophenschule trug Regeln der Lebenskunst als Wege ins Glück dem geneigten Publikum vor. Verzicht leisten auf soziale Ambitionen und äußere Güter. Stattdessen sich aller Ängste und Sorgen ledig machen und Gegenwart erfahren, so *Epikur.* Oder ganz im Gegenteil. Öffentliche Ämter ausüben, seine Pflicht im Gemeinwesen erfüllen, auch Reichtum erwerben, aber ihn so gebrauchen, als verfügte man nicht über ihn. Vor allem: sein Herz an nichts hängen. Die Nervenstränge, die einen nach Außen verbinden, abschneiden, so die *stoische Schule.* Oder wieder anders. Sich des Urteilens enthalten, da nichts wirklich zu wissen sei und die Dinge so nehmen wie sie kommen, so der Skeptiker *Pyhrron v. Elis.* Oder der Sinnenlust frönen, so *Aristippos.* Und allem vorweg: Sich ganz dem Denken hingeben, der theoria, der intellektuellen Schau der Ordnung des Ewigen, so bei *Platon* und seinem Schüler *Aristoteles.*

Sie alle ersannen Wege in Glücke, die sich erheblich unterschieden. Die Glücke nicht weniger als die Wege. Das versteht sich mittlerweile. Je nach dem also, was wir unter Glück verstehen, wird sich die Frage beantworten lassen, wie es erreichbar ist. Fragen wir, zwischen welchen idealtypischen Polen jede *mögliche* Antwort liegt?

Glück sei *herstellbar* wie Dachziegel oder Salatschüsseln. Es gliche einem Schneemann oder Eigenheim, das man sich vornehmen kann zu bauen. Und dann baut man es. Das wäre gewissermaßen die eine Extremposition. Wir kennen sie in der Fassung: Jeder ist seines Glücks Schmied.

Der andere, entgegengesetzte Pol spricht die niederschmetternden Worte: Glück sei völlig *unverfügbar*. Für es sei rein gar nichts zu machen.

Könnte es aber sein, dass es nur der rechten Vermittlung bedarf, um den Widerspruch zu lösen – gar aufzuheben?

Vielleicht lässt sich mit etwas Lebensklugheit, Besonnenheit und einem realistischen Menschenbild dem Glück *„zuarbeiten und für seine Erhaltung Sorge tragen"*, wie der griechische Komödienschreiber und Menschenkenner Menander bereits vor 2300 Jahren meinte? Womöglich *entsteht* Glück *wie Lawinen entstehen,* die in den Bergen talwärts rasen und alles auf ihrem Weg mit sich reißen. Eine gewagte Metapher, zugegeben. Irgendwo löst sich ein Stein, ein handflächenkleines Schneestück, fängt eine Ereigniskette an. Keiner hat das bezweckt, darauf abgezielt. Dann pflanzt sich das fort, kommt ins Rutschen, schiebt an, reißt mit. So auch in uns.

Unzähliges Unbemerktes, gar nicht einzeln Benennbares, ereignet sich. *Selbst-* und Weltbeziehungen *gelingen* über die Jahre. In uns *wächst* etwas, breitet sich aus, überformt anderes, macht Misslingen erträglich, durchdringt und erfüllt immer mehr. Irgendwann stellt es sich ein. Nachhaltig, mit Stärke und *dauerhaft*. Ob man Glück gewissermaßen *indirekt wachsen* lassen kann? Das ließe wenigstens auf eine gewisse Möglichkeit individueller Glücks-Ökonomie hoffen.

Diese Zuversicht führt uns zum *Grundparadox* des Glücks, das seit 2000 Jahren in immer neuen Wendungen formuliert wurde. Von ihm nicht Kenntnis zu haben und entsprechend auf es nicht zu reagieren, vermindert die eigenen Chancen beträchtlich, wie ich meine, ins Glück zu gelangen.

Hören wir den Stoiker Seneca. Wir würden uns vom erstrebten Ziel, dem Glück nämlich, entfernen *„und zwar umso weiter, je hastiger man sich ihm nähern will"*. An anderer Stelle: *„Ja, je mehr Mühe man aufwendet, desto mehr ist man sich selbst im Weg und gleitet rückwärts. So geht's ja auch denen, die im Labyrinth zu hasten beginnen: gerade durch ihre Eile verstricken sie sich immer mehr."*

Viele Jahrhunderte später äußerte sich der Engländer John Stuart Mill, dass das Ziel des Lebens, Glück, *„nur dann zu erreichen"* sei, *„wenn man es nicht zu einem direkten Ziel macht. Nur jene sind glücklich, deren Gedanken auf irgendeinen anderen Gegenstand gerichtet sind als auf das eigene Glück"*. So etwa auf das Wohlergehen der anderen, das Schaffen von Kunst oder die Pflege eines Gartens. Schärfer formuliert das Paradox der amerikanische Philosoph John Dewey: *„Das Mittel, das Glück zu erreichen, ist: es nicht zu suchen"*.

Mit anderen Worten: Erwartung und Erreichen von Glück hängen eng zusammen. Genauer, sie korrelieren unproportional negativ. Wir kennen das aus dem indirekten Dreisatz: *je mehr, desto weniger*. Je mehr wir erwarten, desto weniger werden wir erreichen in Sachen Glück. Die Erwartung erhöht das Maß der Ansprüche und die Gefahr der Enttäuschung bei Nicht-Erreichen des Ziels. Diesen Umstand sehe ich aber von vielen Zeitgenossen ganz außer Acht gelassen! Ein Mangel, der nicht zum geringsten verantwortet, dass so viele nicht ins Glück gelangen.

Alain bemerkt, dass man sich zum Glück eben nicht verhalten sollte wie zu einem *„Ding in einem Schaufenster ..., das man kaufen und sich einpacken lassen kann".* Nur bei Dingen kann man sich vornehmen, sie durch das bloße Auffinden auch zu *haben.* Glück, meint Alain, sei nur Glück, *„wenn Sie (*wir Menschen, d. Verf.) *es selber in sich enthalten."*

In diesem Sinne, aber auch nur in diesem, kann Glück gewissermaßen unglücklich machen. Dann nämlich, wenn wir es falsch angehen. Wer sich vom Besitz eines kostspieligen Geschmeides oder etwa wechselnden Sexpartnern Glück erwartet, macht sich auf Dauer mutmaßlich nur unglücklich. Obwohl sie oder er aktiv handeln, greifen sie doch ins Leere. Sie machen sich gewissermaßen dessen schuldig, was man einen *Kategorienfehler* zu nennen pflegt. Wer behauptet, rechtwinklige Dreiecke seien wesentlich durch Erdbeergeschmack gekennzeichnet, verbindet zwei logische Kategorien, die gar nicht zusammenpassen.

Folgender Witz veranschaulicht das am Gegenstand Glück selbst. Der Sohn zum Vater: Vater, ich möchte Fräulein Katz heiraten. Der Vater entgegnet: Fräulein Katz bringt aber nichts mit. Was soll das? Der Sohn: Ich kann aber ohne Fräulein Katz nicht glücklich sein! Der Vater: Glücklichsein, und was hast du davon?

Was macht hier den Witz?

Mutmaßlich der Umstand, dass der Vater die Dimension dessen gar nicht wahrnimmt, was sein Sohn und wir anderen im Wort Glück als *wirklichen Gehalt mithören.* Glück und ökonomische Zweckrationalität oder die Versuche, Glück zu erstreben wie einen beliebigen Gegenstand oder es herstellen zu wollen, wie man ein Ding herstellt, schließen sich mutmaßlich gegenseitig aus (6).

Wie aus sich Sattheit und Fülle nehmen?

Zwischenschritt Nr. 2: Wo stehen wir jetzt?
Wir sind auf der Suche nach einer Bejahungsgestalt, die jenseits bloßer Lustempfindungen und diesseits eines Prämium-Glücks liegt, das nur post mortem zu erfahren ist. Die sich zeitlich über Monate und Jahre erstrecken kann und uns in unserem Leben tief und dauerhaft erfüllt.

Um dieser näher zu kommen, schlage ich nun vor, sehr kursorisch die Vielfalt der Anlässe für bejahende Erlebnisse in Augenschein zu nehmen, die uns auf unserer Lebensfahrt für gewöhnlich zur Verfügung stehen. Obwohl ihre Zahl gewiss unabsehbar ist, zähle ich einige nicht völlig beliebige Anlässe auf. Es ist zugleich der *Weg* zu einer möglichen systematischen *Typologie* der *Solidität* von Wohlfühlgefühlen.

Beispielsweise erleben wir uns in der Frühlingssonne vor dem Haus sitzend bejaht. Wenn wir gutes Essen und den Wein genießen. Im erotischen Liebesspiel den anderen und uns selbst. Wir bejahen uns, wenn wir geliebt und gebraucht werden und ebenso lieben. Wenn uns jemand ein Lächeln schenkt und uns lobt. Wir dürfen dazu gehören, mit den anderen mitspielen. Wir werden eingeladen. Man fragt nach uns, bittet uns herein, entscheidet sich für uns. Wir erleben uns bejaht, wenn wir Neues einsehen, unsere Weltkenntnisse mehren. Im Gestalten und Bearbeiten von Weltstoffen. Wenn uns origineller Ausdruck gelingt. Wenn wir erfolgreich sind in Beruf und Sport. Wenn wir am gewählten Ziel ankommen und uns überwinden.

Manche erleben sich bejaht, wenn sie über den Tod hinaus zu leben hoffen. Wenn sie tun, was andere sagen, dass es das Richtige für sie sei, weil sie diesen anderen vertrauen.

Dabei gilt: Jeder erfährt sich bejaht auf seine Weise. Dass unter uns auch solche sind, die sich gut fühlen, wenn sie andere ängstigen, quälen, physisch vernichten, ist bittere Realität. Wer wollte leugnen, dass Menschen darauf verfallen.

Das scheint klar: Es erweisen sich die Bejahungsanlässe so zahlreich wie die Sterne am Nachthimmel. Und nun lass uns versuchen, eine provisorische *Ordnung* im Sternenmeer herzustellen. In *zeitlicher* Hinsicht ließen sich Bejahungshorizonte kurzer Reichweite: Minuten, Stunden, Tage und sich länger erstreckende: Wochen, Monate, Jahre unterscheiden. Es ließen sich *einzelne kleine Anlässe*: das verstopfte Abwasserrohr ist wieder frei, die Geburtstagsfeier gelungen – von *größeren* unterscheiden: das erfolgreich beendete Studium, das vertrauensvolle Verhältnis zu den Freunden, den Kindern hat Bestand, die Ehe hält. Die *größte Erfahrungseinheit,* die sich denken ließe als Anlass von Wohlfühlgefühlen wäre: das Ganze des Lebens gelingt und wird Grund von Bejahung.

Man könnte Behagen, das wesentlich aus *Weltbezügen* entspringt wie: Fertigkeiten erlernen, Kenntnisse erwerben, Teilnahme am Leben anderer vom Wohlfühlen unterscheiden, das vor allem aus unserem *Selbstbezug* quillt: Stolz, innere Ruhe, Selbstbekanntschaft, Selbstbestimmung u.a. Endlich wäre Bejahung, die sozusagen auf der *Oberfläche* unseres Selbstes verbleibt, flüchtige Reizbefriedigungen etwa, von einer solchen zu scheiden, die unser *Kernselbst* betrifft, es erreicht oder gar dort entspringt (7).

Gewiss ließen sich weitere Unterscheidungen dingfest machen, aber es reizt mich nicht, Wirklichkeit in Kleinstschubladen einzuordnen. Deshalb breche ich meine Übung hier ab. Ich zielte ja nur darauf, dass sich in dir die *Idee* immer tiefer *einwohnt*, dass wir *Bejahungsformen* unterscheiden können nach dem Ort ihres *Ursprungs* sowie ihrer *Solidität,* die sich danach bemisst, wie *lange* wir im Bejahungserleben zu verbleiben vermögen.

Nun frage ich rundheraus, was du dir und deinen Lieben wünschst? Ich meine, ob du ihnen wünscht, dass sie ihr Dasein bejahen oder verneinen? Und wenn du Bejahung für sie erhoffst: sollte sie dann kurzzeitiger oder dauerhafter Natur sein? Fragmentarische oder ihre ganze Person und ihr ganzes Leben betreffende, wenn möglich? Bejahungserfahrung, die an der Oberfläche ihres Ichs verbleibt oder eine, die sie im Innersten erfüllt?

Ich für meinen Teil bekenne, dass ich mir für meine Lieben und mich unbescheiden ausdauernde und das ganze Leben umfassende bejahende Selbst- und Weltbezüge wünsche. Kurz, ich wünsche ihnen und mir ein verlässliches und zeitlich sich erstreckendes Glück. Vielleicht *meinen* wir in etwa das, wenn wir die Frage an jemanden richten, den wir viele Jahre, vielleicht Jahrzehnte nicht gesehen haben: bist du in deinem Leben glücklich geworden?

Wir sind zu der Frage zurückgekehrt, wie ein *Glück* zu verstehen wäre, das zeitlich nicht nur Momente wehrt, weder bloß Stunden noch Tage, sondern sich über Jahre erstreckt. Es müsste eine Bejahungsgestalt sein, der es gelingt, auch das *Unglück* zu integrieren, ohne gleich bei der ersten Krise seine Kraft zu verlieren. Denn das steht doch fest, ein Menschenleben, das frei wäre von Sorgen, Ängsten und körperlichen Schmerzen, von Misslingen und Verlusten, kommt auf dieser Erde nicht vor. Oder, wenn doch, so selten, dass es in unserer Betrachtung zu vernachlässigen ist.

Prüfen wir zuletzt einige der großen Glücksspielarten, ob sie sich als *tauglich* erweisen in Sachen dauerhafter und verlässlicher Daseinsbejahung. Beginnen wir mit der Erregung unserer Sinne. Niemand zweifle daran, dass sie uns verlässlich höchst *intensive angenehme* Empfindungen bereiten. Obendrein ist *Sinnenlust* (s.S.174ff) so herrlich leicht zu beschaffen. Ihre Hochschätzung rührt auch daher. Aber dass sie von Dauer wäre, daran zweifeln wir zurecht. Auch kann Lust unversehens in Unlust umschlagen, wenn wir uns zu viel davon gönnen. Mehr noch: Sogar während wir der Lust frönen, können wir tief ins Unglück getaucht sein. Das sollte uns zu denken geben. Aus all dem ziehe ich den eiligen Schluss, dass Sinnenlust die anspruchsvolle Glücksgestalt jedenfalls nicht ist, nach der wir gegenwärtig fahnden.

Werfen wir nun einen Blick auf *Erfolg,* vielleicht beruflichen, auf *Ruhm* und *Macht.* Wir können für sie arbeiten und sie erringen. Aber wie verlässlich sind sie als dauerhafte Glücksquellen? Die Firma geht Pleite. Der neue Vorgesetzte ist uns nicht gewogen. Ein Fehler, ein eingegangenes Wagnis kostet uns den Posten. Wir werden krank und müssen pausieren. Andere ergreifen die Gelegenheit. Unsere Leistungsfähigkeit nimmt ab. Unsere Erfolgssträhne endet. Was früher war, das interessiert niemanden mehr.

Im *„Tod eines Handlungsreisenden"* lernen wir die Risiken und Nebenwirkungen einer Einstellung kennen, die auf Erfolg als Glücksmodell setzt. Was also diese Kandidaten von Bejahung angeht, so scheint mir, ist von Dauerhaftigkeit und Verlässlichkeit keine Spur. Mit ihnen sind wir grundsätzlich abhängig von Faktoren, auf die wir keinen oder nur geringen Einfluss haben.

Und die *Liebe (s.S.186ff)?*

Sie kann dauern und sie kann uns tragen. Sie kann uns vom einen bis zum anderen Ende des Lebens erfüllen, wie es in der Novelle „Le Bonheur" von Maupassant heißt. Sie kann für zwei Menschen den Himmel auf Erden bedeuten. Nichts ist, was uns *intensiver* Bejahung erfahren lässt. Aber Liebe vergeht auch. Sie kann einschlafen, müde werden, weh tun. Es gibt Verlassen und Verlassen-Werden. Partner trennen sich, der Tod reißt auseinander. Nichts, was den anderen ersetzen könnte. Manche sterben unsäglich mit dem langjährigen Partner mit. Auch die Umarmungen der eigener Kinder werden seltener und seltener. Bald suchen sie unsere Nähe nicht mehr.

Ich leugne nicht die Liebe, die ein ganzes Leben dauert – sie ist ein hohes Gut. Und obwohl eine dauerhafte Liebesbeziehung ein seltener Gast geworden ist, gilt sie heute dennoch als das Glücksmodell Nummer eins für die allermeisten. Dieser Widerspruch zwischen Erwartung und Wirklichkeit belastet viele Paare.

Wäre die Liebe nicht, wir würden anders *klingen*. Aber zugleich ist die Liebe die riskierteste Beziehung unter Menschen.

Liebe erzeugt maximale Bejahungsgefühle. Geht sie aber verloren, drohen wir uns selbst verloren zu gehen. Liebe ist, das zeige ich im Anhang, so furchtbar *dialektisch*. Deshalb sollten wir uns auch auf sie nicht *verlassen*, meine ich.

Der *Zufall* als Glücksquelle scheidet aus guten Gründen aus. Er stellt das Gegenteil dessen dar, wonach wir suchen. Der Zufall ist eine Weltmacht, der wir weitgehend schutzlos ausgesetzt sind. Jedoch können wir ihn uns zu nütze machen (s. S. 156ff).

Und der religiöse *Glaube?* Er böte, sagt man, ein Glück, das in der Gewissheit liegt, im nächsten Leben vollkommen glücklich zu sein. Darüber weiß ich nichts.

Auch der Glaube könne ein Leben lang dauern und es tragen. Aber ebenso kann er schwinden und Zweifel sich breitmachen. Auch davon höre ich. Dann beginnt ein inneres Ringen, das das Leben sehr beschwert. Davon spricht man aber weniger. Einzig zum Glauben kann ich aus eigener Anschauung nichts beitragen. Das, bitte ich, mir nachzusehen. Da ich aber ohnehin ein Glück suche, das auf den Gottesbezug verzichten kann, darf mein Bedauern ein sehr kleines sein.

Worauf läuft unser eiliges *Prüfverfahren* hinaus? Es macht die betrachteten Glücksgestalten verdächtig, dem Anspruch nicht zu genügen, weil deren Ursprünge ein wirklich *dauerhaftes Bejahen* nicht gewährleisten. Aber was bleibt denn noch, das *Quelle* eines solchen Glücks sein könnte, nach dem wir suchen?

Erinnern wir uns nur an die Sätze Chamforts und die Skizze zu Anfang des Buchs. In einem strengen Sinne kann dauerhafte Bejahung dort nicht verlässlich entspringen, wo die Quelle in der *Welt* oder *wesentlich* in unserem *Weltbezug* liegt.

Aber an welchen Stellen sollen wir denn *investieren,* um in ein nachhaltiges Glück zu gelangen? Um welche Ursprünge von Glück sollen wir uns denn bemühen? Vielleicht ist von uns eine radikale *Blickumwendung* gefordert. Die gesuchte Glücksgestalt müsste ihr *Schwergewicht* in *uns selbst* haben! *Nur* im *Inneren* des Menschen sei der Grund für ein Glück zu finden, das auf Dauer gestellt ist, behauptete Chamfort. Hohe Konjunktur hatte eine solche Sichtweise bereits in der Stoa. Der Philosoph und Politiker Seneca schrieb, man sei gut beraten, *„den größten Wert auf sein eigenes Selbst zu legen ..."*. Er wisse von einer *„Freude",* die *„festen Grund"* habe *und „tief ins Innere"* dringe. *„Weil sie nun aber kein Geschenk eines Außenstehenden ist, kann auch kein Außenstehender über sie verfügen".* Diese Hinwendung zum eigenen Selbst verdient unser Interesse, denn es weist in die richtige Richtung.

Rufen wir uns ein historisches Faktum in Erinnerung: Antikes Denken wurde nach dem Tod Alexander des Großen (dazu S.192f) zur Frage gedrängt, wie *individuelles* Glück zu realisieren sei in einer Welt, in der der Einzelne zunehmend unter die Räder anonymer Mächte geriet. Eine Antwort kristallisierte sich im *Autarkie-Begriff* aus. Werde *unabhängig* von der Welt in möglichst vielen Belangen deines Lebens. Besitze, als ob du nichts besäßest. Nur im Verhältnis zu dir selbst bist du unabhängig und frei. Also kultiviere deinen *Selbstbezug* in der Weise, das du dir selbst *genügen* kannst (8). Natürlich segelte auch der Erzpessimist Schopenhauer in diesem Fahrwasser. Es ginge darum, was *„Einer sei und demnach an sich selber habe",* legte er den Lesern seiner *„Aphorismen zur Lebensweisheit"* nahe. Darauf der herrliche Hinweis auf das Englische to enjoy one`s self in der Wendung: he enjoys himself at Paris. Übersetzt: er genießt sich in Paris.

Im „West-Östlichen Divan", Buch Suleika, dichtete Goethe (Suleika spricht): *„Volk und Knecht und Überwinder/ Sie gestehn, zu jeder Zeit/ Höchstes Glück der Erdenkinder/ Sei nur die Persönlichkeit/ Jedes Leben sei zu führen/ Wenn man sich nicht selbst vermißt; Alles könne man verlieren/ Wenn man bleibe was man ist".* Darauf Hatems Gegenrede: *„Kann wohl sein! So wird gemeinet/ Doch ich bin auf anderer Spur: Alles Erdenglück vereinet/ Find ich in Suleika nur".*

Sich selbst *bestimmen*, aus *Eigenem* heraus handeln, genüge vollauf, um ins Glück zu gelangen und zu bleiben, wird hier gemeint. Eine solche Verfügungsmacht, eine solche Selbst-Habe, sei zu erwerben nötig. Aber Goethe spricht ja vorsichtig im *Konjunktiv.* Ganz traut er dem Braten nicht. Denn das mag zugestanden sein: Dass Menschen, weltflüchtige Asketen und fortgeschrittene Stoiker ausgenommen, *gänzlich* von anderen *unabhängig* werden, ist mehr als unwahrscheinlich. Unsere soziale, unsere gesellige „Natur" steht dem ja entgegen und lässt uns angewiesen sein – den einen mehr, die andere weniger – auf die *Anerkennung* der anderen. Als menschliche Wesen sind wir ja konstitutionell zugleich Weltbezug und Selbstbezug (9).

Dennoch gilt, dass wir in der Lage sind, immer unabhängiger und damit freier von anderen und anderem zu werden. Die stoischen Exerzitien sind dafür nur ein extremes Beispiel. Bleiben wir aber bei uns. Können wir etwa nicht lernen, jemand zu sein jenseits des *Habens* und Konsumierens von Dingen? Können wir nicht auch lernen, wir selbst zu sein immer unabhängiger von den Meinungen und Erwartungen der anderen?

Wir können lernen, neidlos zu werden auf den Nachbarn, dessen finanzielle Mittel unsere klein erscheinen lassen. Und wir sind ebenso fähig zu verlernen, uns mit anderen zu vergleichen. Zuletzt können wir sogar darin fortschreiten, auch da, wo wir lieben und befreundet sind, unabhängiger zu werden.

Individual-ethische Zumutungen wie diese setzen voraus, dass wir in einen wachen Umgang mit uns selbst eintreten und unseren Selbstbezug pflegen (s.S.88ff). Diese Praxis bedeutet nicht, dass wir uns von der Welt abzuwenden hätten. Dass wir egoistisch nur noch an uns denken, den Weltbezug vernachlässigen oder unsere Beziehungen zu anderen gar kappen sollten, mit der Folge, dass unser Herz zu Eis erkalte. Weit gefehlt! Letzteres wäre allenfalls stoische Übertreibung. Eine Form von Abhärtung, deren Zweck, zu Stein zu werden, d.h. *apathisch,* nicht nur über das Ziel hinausschießt, sondern es verfehlt. Und es wäre irrig, weil wir Bejahungspotentiale herschenkten, die bei kluger Lebensführung herrlich in ein Glück zu integrieren sind, das andauern kann. Tatsächlich fordert diese Praxis nur, dass wir in einen bewussten und aktiven *Selbstbezug* eintreten und diese Art von Tätigkeit anderen gegenüber *aufwerten*. Vor allem zielt sie darauf ab, solche Selbstbezüge in uns zu entdecken und zu kultivieren, vermöge derer wir fähig werden, in wachsendem Maße Bejahung aus uns selbst zu keltern.

Dieser Neugewichtung unserer Einstellung zu uns selbst und der Welt dienen zwei Begriffe, die wir schon stillschweigend unterschieden und entgegengesetzt haben. Ich nenne den einen *Selbstbejahung,* den anderen *Fremdbejahung*. Während der selbstbejahende Mensch sich aus sich selbst bejaht, weil er sich auf besondere Weise mit sich *befreundet*, fließt dem, den ich fremdbejaht heiße, Bejahung zu durch das Haben von etwas (10). Wohlbefinden macht hier den *Umweg* über die Welt. Hatems gute Gefühle entspringen dem Verhältnis zu Suleika. Sein Glück ist ein ihm *geschenktes*. Doch, liebt *sie ihn nicht* mehr, gehen sein Glück und *er sich* verloren. Wer seinen Glauben verliert, dem mag es ähnlich gehen. Auch wenn Gott nicht als Teil dieser Welt gedacht wird, so bleibt er den Menschen doch ein Äußeres.

Der *selbstverlorensten* Gestalt von Fremdbejahung begegnen wir im Suchtverhalten. In diesem *Weltbezug* verfällt eine Person einem Stoff, einer Aktivität, einem anderen Menschen, kurz, einem Außen, von dessen Gnaden der Abhängige lebt. Diese Person hält sich am Leben, weil es etwas anderes, das es nicht ist, *hat,* d.h. *konsumiert*. Süchtigen sagt man nach, sie dächten nur an sich. Das tun sie mitnichten, denn sie sind sich selbst längst abhandengekommen. Ihr Selbst*bezug*, der furchtbar misslingt, gleicht dem Selbst*verlust*. Woran sie tatsächlich denken, das ist eine teuflische Lust, eine lügnerische Befreiung, ein alle Realität auslöschendes Hochgefühl, welches sie kurzzeitig *fremdbejaht*, indem es sie hinterrücks niederwirft und zuletzt *zerstört*. Der totalen Abhängigkeit von Welt korrespondiert ein Maximum an Selbst-Leere, die Auflösung der Identität sowie der Verlust der Fähigkeit, in einen positiv räsonierenden Umgang mit sich selbst eintreten zu können. Darum geht es aber.

Selbstbejahung quillt aus *Eigenem*. Glück, das ist meine Kernthese, setzt ein glückendes Bei-sich-sein voraus, d.h. Selbstbezüge, die im Kernselbst wurzeln und gelingen.

Es wird Zeit, konkreter zu werden und dies vielbeschworene Eigene sichtbar zu machen.

3. Quellen dauerhafter Selbstbejahung (1)

„Glück ist die Melodie, die das Instrument (du selbst doch) erzeugt, wenn dir gelingt, es gut zu spielen", Anonymus

Ich möchte jetzt Selbstbezüge anschaulich machen, die auszeichnet, dass sie nur als dauerhafte in uns vorkommen, und jene, die diese Beziehungen zu sich selbst unterhalten, tief und nachhaltig aus sich heraus bejahen. Auf diese Beschreibungen folgt am Ende des Kapitels die schlussfolgernde Bestimmung des Begriffs *Glück*, wie er sich aus dem Gezeigten ganz von selbst ergibt.

Zuvor sollte ich allerdings mitteilen, woher ich habe, was ich beschreibe. Es ist der 3. und letzte Zwischenschritt.

Methodischer Einschub: Mit den Augen denken

Was ich beschreibe und später zum Gegenstand des Nachdenkens mache, habe ich durch gutes Hinsehen *angeschaut.*

Ist die Rose nicht auch im Finstern rot? Aber wir sehen die Röte nicht. Unser Augenlicht nimmt nur Grautöne wahr. Verstehen wir die Dunkelheit, welche alle Farben und Umrisse auslöscht, als Analogie dafür, dass wir zumeist nicht genau genug hinsehen und so vieles dauerhaft übersehen, als sei es nicht da. Es lohnt aber, die Augen zu öffnen, d.h. unsere Aufmerksamkeit zu steigern und gut anschauen zu lernen. Dann wird Erstaunliches sichtbar und Erstaunliches möglich.

Zum Beispiel kann eine gute Beschreibung an dem Beschriebenen Merkmale heraus präparieren und dadurch Gehalte sichtbar machen, die vordem gar nicht oder jedenfalls in der Weise nicht gesehen worden sind. Geradeso wie beim Verfahren der Wissenschaften ein Mikroskop oder Teleskop etwas sichtbar macht, was vorher nicht zu sehen war. Auf eine solche Möglichkeit, durch *Anschauung* zuallererst etwas denken zu können, verweist Goethe, als er beim Bild der Gräfin von Werthern-Beichlingen mitteilt: *„Dieses kleine Wesen hat mich erleuchtet. Wie diese Frau sich verhielt, wie sie sich gab, also Wirklichkeit war: das war sie auf eine Art, dass man sie sehen muss, um sie zu denken"* (2).

Der Schweizer Philosoph Peter Bieri bringt die Methode, der ich mich bediene, auf den Begriff. Er spricht von der *„Artikulation innerer Wahrnehmung"*, das Zur-Sprache - und Auf-den-Begriff-Bringen von Innerlichkeit. Einer, die sich ausdrückt in Gesten, Worten, Handlungen und Texten und deshalb anzuschauen und zu berichten ist.

Ich schaue also an, *wie* Menschen *leben* und *sind*. Geht es noch etwas genauer? Es geht. Wen ich betrachte, das sind *besondere* Menschen. Ich bin ihnen begegnet, leibhaftig und in Büchern. Es sind solche, zu denen wir uns hingezogen fühlen, weil sie, selbst im Glück, uns andere, durch ihre Art zu sein, beglücken. Dies beneidenswerte Behagen teilt sich nicht mit, indem diejenigen damit prahlen. Sondern dadurch, dass der Umgang mit ihnen angenehm ist und wohltut. Deshalb suchen wir die Nähe dieser Artgenossen.

Vor allem ziehe ich die über Jahrhunderte und Jahrtausende aufgetürmte menschliche Selbsterfahrung in Kunstwerken und Literaturen heran. Zu allen Zeiten waren Dichter und Schriftsteller bemüht, das Menschliche zu beschreiben und zu erzählen. Große Dichtung und große Literatur ist der unvergängliche

Schatz, in der sich unsere Menschlichkeit ausdrückt. Bis in die letzten Sphären unserer Existenz geht das Dargestellte. Wir finden bei Romanschreibern, Dramatikern und Dichtern mehr mitgeteilte Anschauung und erfahrungsgesättigtes Verstehen als es Philosophie und Wissenschaft lieb sein kann. *„Es ist vor allem die Literatur, die die Mittel der Selbst- und Weltreflexion bereitstellt, indem sie paradigmatisch vom misslingenden und gelingenden menschlichen Leben erzählt"*, schreibt der Philosoph Michael Hampe.

Aber nicht nur Kunstwerke gilt es zu studieren. Unendlich reiches Anschauungsmaterial finden wir auch in den Lebensläufen und Lebensbeschreibungen herausragender Menschen, deren Lebensfahrt uns Beispiel sein kann. Zuletzt schaue ich auch ein wenig in mich.

Was ich *anschaue,* das versuche ich aber auch zu *verstehen.*

Verstehen heißt das einfühlende und nacherlebende Erfassen menschlicher Innenwelten (3). Was können wir verstehen?

Individuellen Ausdruck. Wir sagen: Ich verstehe deine gestrige Reaktion. Du warst sehr müde, und ich hätte dich nicht noch mit dem Problem behelligen dürfen. Ich verstehe jetzt, dass du ärgerlich reagiert hast.

Über-Individuellen Ausdruck: Wir verstehen Handlungen aus *Motivlagen* oder *Bewusstseinszuständen,* die vielen gemeinsam sind: Mord aus Eifersucht. Erfolgsstreben aufgrund von erlebter Armut. Dass der Betrogene misstrauisch, der Kranke nicht tatkräftig ist. Dass der Verhöhnte sich zurückzieht.

Allgemein-menschliche Vollzüge und *Strukturen.* Wir steuern auf diese Wirklichkeiten zu, indem wir fragen: Was folgt aus der Tatsache, dass wir von uns wissen und uns zum Gegenstand machen können? Was folgt aus der Tatsache, dass wir wissen, wir werden *sterben*? Welche Aufgaben erwachsen einem Wesen, das auf diese Weise zu *existieren* hat (4)?

Während Wissenschaft konsequent die *Außenperspektive* einnimmt, um die Welt und ebenso uns Menschen messend und beobachtend zu *erklären,* wähle ich – ebenso beharrlich – die Teilnehmerperspektive, d.h. das Anschauen und Verstehen von innen. Zu dieser Dimension menschlichen Erlebens haben wir alle einen unmittelbaren Zugang.

Klar ist aber auch, dass Verstehen *deuten* heißt. Gedeutet werden und sich deutlich machen kann allein Lebendiges, weil nur Lebendiges sich äußert. Nur Äußerungen lassen sich deuten. Der Mond nicht. Den Mond erklärt die Wissenschaft.

Verstehen geschieht ferner stets im *hermeneutischen Zirkel.* Das einzeln Ausgedrückte, die zarte Geste, das böse Wort ist stets nur aus dem Ganzen, das Ganze aber nur auf dem Wege über das Einzelne zu erfassen. Nirgends ist der feste Boden einer endgültigen Deutung. Verstehen ist unabschließbar.

Das hat freilich Folgen für die beanspruchte *Geltung* verstehender Aussagen. Sie konkurrieren nicht mit Aussagen der Wissenschaften. Ihr Gegenstand kann nicht durch isolierende Beobachtung nachgewiesen oder berechnet werden. Dennoch handelt es sich um empirische Tatsachen, die intersubjektiv einsehbar, *überprüfbar* und den Geltungskriterien der *Plausibilität* und *Fruchtbarkeit* unterworfen sind. Ob das, was ich zeige, wirklich ist, überprüft jeder für sich selbst.

Wer Menschen, die sich dauerhaft aus sich heraus bejahen, wahrzunehmen lernt, wer versucht, ihnen die erworbene Qualität ihrer Selbst- und Weltbeziehungen abzulauschen, wird auf Ursprünge stoßen, aus denen sich ihr Glück speist.

Die Anzahl der *Herkünfte*, die meines Erachtens dauerhafte Lebensbejahung generieren, mag unvollständig sein. Das erscheint mir nicht beunruhigend. In diesen Dingen Vollständigkeit beanspruchen, hieße ohnehin, unbescheiden sein. Ich zeige und beschreibe, was ich anschaue. Mein Anspruch geht nicht darüber hinaus.

Ein Strom, der immer breiter dahinrollt oder vom inneren Wachstum

Die Primel wächst. Der Kohlrabi wächst. Lebendiges wächst. Wachstum ist *biologisch* die Massen- und Größenzunahme von Lebewesen. Sie ist aber auch *Lebenssteigerung.* Nun kann das Lebewesen mehr *bewirken* als zuvor. Lebendiges aber, lehrte schon Aristoteles, ist *selbsttätiges* Sein, das in der Not steht, sich erhalten zu müssen, um zu überleben. Dieser Aufgabe dient also das biologische Wachstum.

Sähe man näher hin, müsste von Stoffwechsel, Stoffaufnahme und Stoffabgabe berichtet werden. Von Zellbildung und Zellstreckung. Aber auch davon, dass alles Leben sich seinen Umwelten öffnen muss, indem sie die eigenen Anlagen entfaltet. Wozu? Um zu *überleben,* natürlich.

Höher organisiert, bei den anderen Tieren, entwickelten sich irgendwann neue Fähigkeiten: sensorische, motorische, später emotionale, soziale und schließlich kognitive.

Das ist nichts Neues. Aber nun sollten wir gut hinsehen: Was sich im Pflanzenreich und bei unseren Mit-Tieren unbewusst vollzieht, *erwacht* im Menschen zu *heller Gegenwärtigkeit.* Vorgänge des Wachsens und Reifens verwandelten sich zu einem Geschehen, dem wir im Fühlen und Denken *geöffnet* sind, das wir *gestalten* können und für das wir deshalb *Verantwortung* tragen!

Auch der Mensch *wächst*. Aber weder bloß körperlich, sondern ebenso *innerlich* (selbstbezüglich), noch lediglich, um zu überleben, sondern vor allem, um *gut* oder immer besser zu leben. Aber was heißt das denn, dass der Mensch *innerlich wächst*? Zunächst *entfaltet* er sich nach *außen*. Aber indem er seinen *Weltbezug* fortgesetzt erweitert, wird er *reicher* und *tiefer* im Selbstbezug, also innen. Das lässt sich wahrnehmen.

Stellen wir uns vor, wir erlebten unsere Lebensfahrt wie das Bilden von Jahresringen. Ein dauerhaftes *Erweitern* und *Vertiefen* unserer Selbst- und Weltbezüge. Wir spürten uns *reicher und reicher werden* (5). Vielleicht nimmst du es zuerst gar nicht wahr. Aber nach einigen Jahren doch. Auch beginnt das, sich selbst zu verstärken. Du empfändest dich also wie ein Werdender, ein *Strom,* der immer breiter dahinrollt. Ich möchte zeigen, dann beginnt eine dauerhafte Quelle von Bejahung *in uns* zu sprudeln. Deshalb heißt es in der Stoa, der glückliche Mensch weiß sich in einem guten *"Lebens-Fluss"*. Umgekehrt lässt sich zeigen, dass das Stocken und Einschlafen dieses *Sich-Öffnens*, das ich meine, der Verlust der Erfahrung, sich zu entfalten, beträchtlich negative Folgen zeitigt.

Und wie vollzieht sich, was ich *Entfaltung* nenne? In der Weise, dass wir unsere *natürlichen Anlagen* – ich begreife darunter unsere sinnlichen, emotionalen, sozialen, intellektuellen und kreativen Grundfähigkeiten (6) – als *Brücken* in die Welt und zu uns *beschreiten*. Mit diesen Fähigkeiten erschließen wir die Weltwirklichkeit, von der wir ein Teil sind, und ebenso uns selbst. Menschen wachsen, indem sie Sehen, Hören, Schmecken, Riechen, Tasten kultivieren; indem sie vielfältig fühlen: Liebe, Freundschaft, Abneigung, Enttäuschung, Mitleid, Zorn; indem sie lernen, den anderen als Anderen anzuerkennen. Wir wachsen, indem wir uns Weltkenntnisse aneignen: historische, naturwissenschaftliche, philosophische, sprachliche. Erlernen wir *Fertigkeiten* der Bearbeitung, Gestaltung oder Handhabung von Weltstoffen, so wachsen wir. Tauchen wir ein in *fremde Lebenswelten* und vertiefen wir unser emotionales Verstehen, dann wachsen wir. *Der ist nicht fremd, der teilzunehmen weiß,* wusste Goethe. Wer am Fremden teilnimmt, erweitert seinen Horizont und hat die Chance, sich *dabei selbst neu zu begegnen*. Dazu Schiller in einem Brief vom 14.4.1783: dann, *„führen wir uns durch neue Lagen und Bahnen, wir brechen uns auf andere Flächen, wir sehen uns unter anderen Farben, wir leiden für uns unter anderen Leibern"*. Schließlich wachsen wir, indem wir uns originell, d.h. schöpferisch ausdrücken in Wort, Bild, Ton und anhand vielgestaltigen Materials.

Diese Vorgänge wären bloß „äußerliche", wenn das Erfahrene, Erlernte und Erkannte nur aufgesammelt oder aneinandergereiht würde wie Perlen auf eine Schnur, ohne innere Verbindung und ohne Widerhall in uns. Zwar hätte sich in diesem Fall ein Selbst mit Unterschieden erweitert. Es hätte sich aber im Selbstbezug nicht bewegt, weil die aktive Integration der Momente versäumt wurde. Trotz welthaltiger Erlebnisse wäre das Selbst dasselbe, vor wie nach den Weltkontakten. Wir sehen ein, dass innerem Wachstum ein aktiver Selbstbezug als Bedingung seiner Möglichkeit vorausgeht.

Gelingt Entfaltung, lernen und erfahren wir Neues, dann nehmen wir es tatsächlich in uns auf und bauen es in den alten Bestand ein. Begegnen wir der Welt, verändern wir zugleich unseren *Selbstbezug.* Denn wir reagieren und reflektieren auf die sich darbietenden Inhalte, weil wir uns durch Erfahrungen berühren und bewegen lassen. Dann verändern sich Gewohnheiten des Sehens und des Auffassens, des Urteilens und Bewertens.

Aktives Aneignen vollzieht sich, indem wir das Neue vom Alten, das Unbekannte vom Bekannten unterscheiden und in einen Dialog treten mit dem Ungewohnten. Wir können dann wählen. Entweder wenden wir uns noch entschiedener dem Neuen zu, um uns berühren zu lassen, oder wir gehen an ihm vorbei, weil es uns nichts zu sagen vermag.

Immer aber, wo sich durch echte Aneignung – differenzierend nach außen, integrierend nach innen – Wachstum, d.h. Erweiterung und Vertiefung vollzieht, ist selbstbezügliche Bewegtheit am Werk.

Wir *wachsen,* wenn wir unsere selbst- und welterschließenden *Brücken* beschreiten und wenn uns dabei gelingt, genug Bindekräfte zu mobilisieren, um zusammenzufügen, was in unseren Selbstentwurf passt, und abzustoßen, was uns verunsichern würde und wir deshalb nicht aufnehmen können. Indem wir unsere *Bildungskräfte* entfalten, reichern wir in uns zugleich Bedeutsames und Wertvolles an und machen die Erfahrung eigener *Werthaftigkeit.* Dann befinden wir uns in jenem *guten Fluss,* in dem wir uns reicher werdend erleben, weil wir immer mehr *Teilnahme* an der Fülle der Welt praktizieren.

Der gereifte Goethe und der junge, spröde Schopenhauer pflegten um das Jahr 1814 in Weimar regen Kontakt. Goethe bemerkte, dass Schopenhauer anderen gegenüber verschlossen und verdrossen begegnete, dabei zumeist unzufrieden mit sich selbst. Deshalb schrieb der Ältere dem Jüngeren folgenden Satz ins Stammbuch – und uns Nachgeborenen ebenfalls: *„Willst du dich deines Wertes freuen, So musst der Welt du Wert verleihen".*

Was meinte Goethe mit diesem paradox klingenden Satz? Er riet: Man möge sich bitte schön in die Welt begeben und an ihr teilhaben als an einem wahrhaft Werthaften und Beschenkenden. Befleißige man sich dessen, würde sich dieser Mehrwert in uns widerspiegeln. Man fände dann an sich selbst Genugtuung oder Bejahung.

Mehr noch: Befände man sich, so der Dichterfürst, in einem gestörten Selbst- und Weltbezug, gelte es *gerade* an der *Welt teilzunehmen*, d.h. sich zu überwinden und ganz bewusst seine Bildungskräfte zu entfalten. In der „Campagne in Frankreich" schreibt Goethe unter der Datumsangabe Duisburg, November 1792, *„man werde sich aus einem schmerzlichen, selbstquälerischen, düsteren Seelenzustande nur durch Naturbeschauung und herzliche Teilnahme an der äußeren Welt retten und befreien. Schon die allgemeinste Bekanntschaft mit der Natur ... ziehe uns von uns selbst ab; die Richtung geistiger Kräfte auf wirkliche, wahrhafte Erscheinungen gebe nach und nach das größte Behagen, Klarheit und Belehrung".* Es ginge also darum *„belebende Kräfte von außen zu gewinnen"*, um uns wieder aus dem Schlamassel herauszuziehen, indem wir über neue Weltbeziehungen neue, frische Selbstbeziehung stiften. Ganz ähnlich der französische Philosoph Michel Serres: *„Ich gebe mich der Welt hin, und sie bringt mir Genesung".*

Dabei wäre das Wachsen an welthaltigen Beziehungen ganz falsch begriffen, wollte man darin den Versuch sehen, sich zu optimieren oder perfektionieren. Nichts davon strebt es vorderhand an. Jene Art von Entfalten folgt nicht den Bahnen verwertbarer Rationalität etwa auf Arbeits- oder Karrieremärkten. Wir haben es nicht mit Leistungszielen zu tun, obendrein noch von außen, durch Strafe oder Belohnung, finanzielle Anreize oder Ansehen motiviert. Ziele, die, erreicht man sie nicht, ein Scheitern bedeuten würden. Vielmehr geht es, wenn man den Begriff Ziel überhaupt verwenden will, um flexible *Entfaltungsziele,* die von Neugier und offenen Lernprozessen geleitet werden. Sie wehren die Lebenspraxis von Erfolgsstreben, der Gefahr des Scheiterns und allem ökonomischen Nutzen entschieden ab. Sie vollziehen sich jenseits einer starr festgelegten Lebensplanung.

Schärfer: Es geht gar nicht vordergründig um Zielerreichung, sondern um den Weg, der das Ziel ist und das, was dabei Gelingendes für uns passiert. Die empirische Glücksforschung in den USA spricht seit geraumer Zeit von „Flourishing" (7), dem Aufblühen von Menschen durch Selbstaktualisierung und persönliches Entfalten. Sie erfassen damit in der Tat das Richtige.

Wachsende *Erfahrung* von Welt heißt zugleich differenziertere Teilhabe an Welt, deren unendlicher stofflicher Materialien und geistiger Gehalte. Seien wir uns aber im Klaren, dass wir nicht beschließen können zu wachsen, so wie wir beschließen können, in den Urlaub zu fahren. Wir können uns aber reflektiert auf einen *langen Weg* machen, unseren Lebensweg immerhin, um uns zu entfalten in den Dimensionen unserer Grundfähigkeiten. Das lässt sich auch beschließen. Aber der Beschluss ist nur der Anfang einer vieljährigen Reise, nicht einer fünfstündigen Autofahrt in die Sommerfrische.

Fragen wir, ob es zielführend ist, Monat für Monat auf die ersehnten Wachstumswehen zu warten?

Sich entfalten und auf den Effekt nicht achten, so heißt die Devise, bis dann eine Wahrnehmung, der Keim, der Anflug von etwas Bejahendem uns berührt, durchströmt, beglückt und uns das Begonnene fortzusetzen anrät.

Solches Wachsen, von dem Goethes Leben reiches Anschauungsmaterial liefert, gleicht einem steten Sich-selbst-Überschreiten und Neu-Gewinnen. Es geschieht in aufsteigenden Stufen des Vertiefens und Erweiterns von Selbst- und Weltbezügen entlang der Straßen unserer *Bildungskräfte.* Dabei bildet sich der Mensch dem Guten näher. Einem Guten, das darin liegt, sich mit sich und der Welt zu *vermählen,* zu *befreunden* und zu *bejahen*, ohne es eigens zu *bezwecken*.

Alain spricht die *Paradoxie* aus, auf die wir gestoßen sind: *"Je mehr man aus sich selber herausgeht, desto mehr ist man man selber, desto mehr fühlt man sich leben"*. Auch der Philosoph John Dewey weiß von einem *"ständigen Fortschreiten"* ins Offene – dahin also, wo Neues uns lockt.

In Dostojewskis „Idiot" erregt sich Ippolite: *„Oh, seien Sie versichert, dass Kolumbus glücklich war, nicht als er Amerika entdeckte, sondern als er es entdecken wollte".* „*Es handelt sich (...) um das Leben allein, um dessen ununterbrochenes und ewiges Entdecken und nicht um die Entdeckungen selbst!".*

Kann es uns ferner wundern, dass dieser Prozess, der hoffentlich immer deutlichere Gestalt annimmt: dass dieser Vorgang aus sich heraus immer *neue Anlässe* und immer wieder neue Anlässe für Wachstumserfahrungen hervorbringt? Er gleicht dem Kapital, das klug angelegt „arbeitet" und sich vermehrt wie von Zauberhand. Wer vermögend ist, wird der nicht noch immer reicher?

Ebenso können wir von einem wechselseitigen sich Steigern sprechen: Bejahungserfahrung motiviert das Selbst, sich zu entfalten, zu wachsen, und ebenso erzeugt Selbststeigerung wachsende Bejahung. Unglück hingegen, das wissen wir alle, lässt das Selbst fast immer schrumpfen.

Ich erlaube mir an dieser Stelle ein Zwischenspiel. Den Einsatz zweier begrifflicher Hilfsmittel. Sie heißen: differenzieren und integrieren. Hilfsmittel wozu? Um das Angeschaute und Beschriebene noch besser zu verstehen. Folgende Sätze ergeben sich: Je *differenzierter* ein Selbst, desto reicher sei es an Unterschieden, an Interessen, Fähigkeiten, Gefühlen und Gedanken, kurz, an Selbst- und Weltbezügen. Eine Person sei umso *integrierter,* je mehr Einklang sie zwischen den verschiedenen, vielleicht sogar widerstreitenden Selbst- und Weltbezügen knüpfen kann.

Ein *harmonisches* Gefüge sei Ausdruck von gelingendem Differenzieren und Integrieren. Reich differenzierten und gut integrierten Menschen gelingt es, Weltfülle in sich aufzunehmen und beachtlich wachsen zu können.

Allerdings können Differenzierung und Integration auch in Schieflage geraten. So etwa, wenn ein Selbst sich entschieden *einseitig* entfaltet. Eine solche Person könnte ein Genie sein, vielleicht ein Mathematiker oder Musiker. Sie beschäftigt sich nur mit Mathematik oder dem Instrument und vernachlässigt alles andere. Sie wird ein Kauz. Vielleicht vereinsamt dieser Mensch. Genie, sagte ich oben in Richtung v. Kleist, schützt nicht vor Lebensdilettantismus. Wer sich ganz und gar in nur eine Weltbeziehung stürzt, dem wird der Aufbau eines *komplexen* Selbstes kaum gelingen.

Oder da ist der umgekehrte Fall jenes Menschen, der sich schier mit allem beschäftigt und wahllos differenziert. Ihn interessiert einfach alles. Nicht unwahrscheinlich, dass er Schaden erleidet an unversöhnlichen Gegensätzen, an dem Chaos durcheinander gehender Eindrücke und Strebungen, die nicht zu integrieren sind. Hingegen nur integrierte Personen werden wir als langweilig erleben, obwohl sie in hohem Maße mit sich im Einklang stehen. Wir hätten es dann mit einer flachen, weil differenzlosen Persönlichkeit zu tun.

Aber zurück zu unserer Hauptstraße. Haben wir den Weg *„aufbauenden Wirkens"* einmal eingeschlagen, dann bemerken wir irgendwann, dass *Komplexität* nicht nur eine *quantitative* Seite hat, sondern auch eine *qualitative.* Wir nehmen von Jahr zu Jahr nicht nur an Weltbeziehungs-Umfang zu, sondern auch an Einsicht, an Selbst- und Welterkenntnis. Beides, Quantität und Qualität, steigern sich dann wechselseitig im Vollzug. Das eine befruchtet das andere, und Zusammenhänge, die uns vor Jahren noch verborgen waren, tun sich uns auf wie Täler nach dem Überschreiten hoher Gebirgspässe. Wilhelm Dilthey über Goethe: *„Er war wie ein Strom, der durch stets neue Zuflüsse immer breiter und mächtiger dahinrollt".* Oh, es zahlt sich aus, ein solch breiter Wasserlauf zu werden.

Im Bild dieses imponierenden Stroms drückt sich auch der Erwerb eines Ensembles langfristiger, immer wieder aktualisierbarer *Entfaltungsfähigkeiten* aus, und damit meine ich *Kompetenzen* des Sozialen, Emotionalen und Intellektuellen, zu denen es, das wachsende Selbst, sich im Übrigen selbst geformt hat.

Wo Entfaltung nachhaltig und fortgesetzt geschieht, *gelingt* sie auch, weil mit ihr das Aneignen von Lebenskompetenzen verbunden ist, die wiederum den Prozess des Entfaltens fördern und beschleunigen. Das Gewünschte geschähe nicht, wenn es dauerhaft misslingen würde. Aber es gelingt. Und so sehr es das tut, wie beschrieben, so sehr *stärkt* es auch unsere *Fähigkeit*, uns aus uns selbst zu bejahen.

Das Bewusstsein eigenen *Könnens* schließt Gefühle des Selbstvertrauens ebenso ein wie das Gefühl von Selbstständigkeit und Freiheit. Um *„glücklich bleiben"* zu können, schrieb Schiller 1790 an Charlotte von Lengefeld, seine zukünftige Frau, brauche er das *„innere Tätigkeitsgefühl",* um *„zum Gefühl seiner Kräfte gelangen"* zu können. Ein Streben, das nicht *„Egoisterei"* sei, sondern die legitime *„Sehnsucht, sich selbst hochzuschätzen".*

Wenn wirklich wird, was ich zu beschreiben versuche, dann könnte es sein, dass wir in uns *Aufschwungkräfte* am Werke spüren, die uns wie Flügelschwingen nach oben tragen. Dies Erleben eines *Getragen-Werdens* hat den Philosophen Peter Sloterdijk zu der überschwänglichen Bemerkung hinreißen lassen: darin ließen sich Menschen *„in die Welt wie in einen Strom voranschreitender Geburt ein (...)".*

Auch dies Bild beschreibt, wovon ich zu reden versuche: von einem allmählichen inneren Wachsen des Menschen in seinen Beziehungen zu sich selbst und der Welt, das sich in Unbekanntes und in Neues entfaltet. Aus diesem lebenslangen Geschehen, behaupte ich, entspringt ein *Selbstbejahen*, das auf Dauer gestellt ist. Wir nehmen es wahr und schauen es an als Erfahrung eines Reicher-Werdens, eines Vertiefens und Erweiterns unserer Selbst- und Weltbezüge ins unabsehbar

Offene unseres Lebens, das uns lockt, statt uns zu ängstigen (8). Und vielleicht ist da ganz entfernt eine Ähnlichkeit zu entdecken erlaubt mit dem Erleben der Kinder, da sie noch klein sind. Das Sein des Kindes ist ja noch ganz Geöffnetsein zu Welt und Spiel. Aber man verkläre bitte nicht über Gebühr. Uns Großen ist die Unbekümmertheit der Kinder gründlich abhandengekommen. Sieh dir nur auf die Stirn. Dort trägst du das Unruhe-Mal von Fragen nach Sein, Sinn und Glück. Kindererleben weiß davon noch nicht.

Nun war oben davon die Rede, dass es sich lohne, unsere natürlichen Anlagen möglichst *balanciert* zu entfalten. Dazu erlaube nun noch ein paar Bemerkungen. Goethe ebenso wie Schiller und Wilhelm v. Humboldt haben immer wieder darauf hingewiesen: Bei der Aneignung von Welt möge man doch bitte ein Gleichgewicht anstreben, um eine partielle Verkümmerung und Vereinseitigung unserer Anlagen zu vermeiden, kurz, um den *„Menschen als ein Ganzes"* wirken zu lassen, indem er die *„proportionierlichste Bildung seiner Kräfte"* betreibt.

Was Goethe und v. Humboldt hier beschreiben, haben sie beide selbst in Vollendung praktiziert. Emil Staiger (9) bestätigt uns das am Beispiel des Dichterfürsten. Goethe nahm den Dichter nicht wichtiger als den Freund, den Liebenden nicht wichtiger als den Staatsmann, den Theaterdirektor nicht wichtiger als den Naturwissenschaftler, den Genießer nicht wichtiger als den Arbeitsmenschen. Und hören wir ruhig noch Schillers mahnende Worte, die er uns anempfiehlt: *„Ewig nur an ein einzelnes kleines Bruchstück des Ganzen gefesselt, bildet sich der Mensch selbst nur als Bruchstück aus; ewig nur das eintönige Geräusch des Rades, das er umtreibt, im Ohre, ent-*

wickelt er nie die Harmonie seines Wesens, und anstatt die Menschheit in seiner Natur auszuprägen, wird er bloß zu einem Abdruck seines Geschäfts, seiner Wissenschaft".

Diese Überlegungen transportieren das Ideal humanistischer Bildung. Jenen zwar nicht vollkommenen, aber doch sich *bewusst vervollkommnenden* Menschen, der sich zu einem *harmonischen Ganzen* entfaltet. Dies Ideal, schreibt Wilhelm v. Humboldt emphatisch, sei ja *„nichts anderes, als die nach allen Richtungen hin erweiterte, von allen beschränkenden Hindernissen befreite Natur"* des Menschen. Was nicht geschehen möge und dennoch allzu oft geschieht, darauf verwies Theodor W. Adorno, indem er von der *„Atomisierung (...) nicht nur zwischen den Menschen, sondern auch im einzelnen Individuum"* sprach und das Unheilvolle fortschreiten sah.

Weltbeziehungen werden dort problematisch, wo sie sich auf einen einzigen Resonanzkanal reduzieren. Wir alle kennen solche, die einseitig nur ihre Anlagen entfalten: die viel gescholtenen *Fachidioten,* die links und rechts des Wegs nichts sehen und kennen. Die *Über-Fleißigen,* die in Arbeit versinken. Die *Schlemmer,* die das Maß verlieren oder die *Leseratten,* die sich in Bücher vergraben, vielleicht, um sich vor der Welt da draußen zu schützen.

Es gibt die, denen *Sport* alles ist oder der eigene *Garten* oder die in Dekaden mühsam aufgebaute *Briefmarkenkollektion* und alles andere nichts. Es gibt die einen, *Familienmenschen,* wie man sagt, die sich nur im Kreise der nächsten Angehörigen bewegen, und die anderen, die die eigenen Leute scheuen wie der Teufel das Weihwasser. Wir kennen den *Kopfmenschen,* dessen Emotionalität verkümmert, und – umgekehrt – den hoffnungslos *Gefühlvollen,* der sich ohne rechten

Verstandesgebrauch durchs Leben schlägt. Bricht aber einmal die Brücke in sich zusammen, die man so ausschließlich benutzt hat, so droht der Zusammenbruch zugleich des ganzen Menschen. Wer seine Weltaneignung auf eine einzige Achse konzentriert, schreibt Hartmut Rosa, *„verfügt im Falle ihres krisenhaften Verstummens über keine Ersatzquellen und deshalb über keine oder weniger Resilienz".* Jeder Strauch und jeder Baum in freier Natur genügt der Aufgabe besser. Ihre Grundorgane wachsen, überlässt man sie nur sich selbst, *proportional* über die Jahre. Ihnen „gelingt", was wir, die wir von uns wissen, als Forderung des Lebens nur zu oft missachten. Wie lärmende, in stille Natur einfallende Touristen, die das Beruhigende übertönen und das Schöne nicht sehen – so gehen wir Jahr für Jahr, scheint mir, *unachtsam* mit uns um.

Das können wir aber stoppen. Es liegt ja an uns, dem verfehlten Brückenbau in die Welt Einhalt zu gebieten. Niemand verwehrt mir, mein Leben an dem neu gewonnenen Maßstab zu prüfen. Das Denken, dient es etwa nur dem theoretischen Erkennen? Mitnichten. Ebenso dem besseren Handeln. Wir denken, um gelingender zu leben.

Von der Wahrnehmung einer gelingenden Ganzheit

„Die Gewöhnung, das Dasein als ein Ganzes zu betrachten, ist ein wesentlicher Teil der Lebensweisheit".

Dieser Satz aus der Feder des Literaturnobelpreisträgers und Philosophen Bertrand Russel soll uns als Startpunkt dienen für die nächsten Überlegungen. Sie wollen seinen Gehalt erhellen und seine Plausibilität erweisen (10).

Das Leben als ein Ganzes betrachten, daran könne man sich also gewöhnen. Ausgezeichnet. Aber das hat für mich etwas Vages, weshalb es schwierig erscheint, sich darauf zu konzentrieren und sich an ihm womöglich zu erfreuen. Außerdem ist es doch so, dass wir in unserem Bewusstsein zumeist einzelne Lebensfragmente gegenwärtig haben, jedoch kein Ganzes.

Vielleicht ist diese Unbestimmtheit der Grund dafür, dass Menschen, denen ihr Leben im Ganzen doch in hohem Maße gelingt, aus diesem Gelingen so wenig Glückserleben keltern. Auch ließe sich vermuten, dass sich das, was da zu sehen wäre, im Alltagsbetrieb verflüchtigt, weil sich allerlei Kleinlich-Drängendes und Verdrießliches darüber lagert. Kurz: Selbst wenn du darin fortgeschritten bist, dein Lebensganzes vor dich hinstellen zu können, du wirst es leicht aus den Augen verlieren und so nimmst du es dann doch selten wahr.

Diese Vermutung lässt uns nachvollziehen, weshalb Russel dem Betrachten des Lebensganzen einen Platz im ehrwürdigen Gebäude der Lebensweisheit anweist. Wahrlich, was dort an praktischem Können und theoretischem Verstehen lagert, muss von uns Geringen, die bescheiden nach Weisheit streben, eigens mühsam erworben werden.

Das Lebensganze, fassen wir es auf als die *Einheit* von *drei Teilen:* Erstens dem gelebten Vergangenen, das sich viele Jahrzehnte nach hinten erstrecken kann. Wir erinnern es und können es uns so gegenwärtig halten. Zweitens von gelebter Gegenwart, dem scheinbar flüchtigen Jetzt, in dem wir alle unmittelbar *sind.* Und drittens dem erwarteten und uns auf diese Weise präsenten Zukünftigen, das uns bevorsteht als zahllose Möglichkeiten, die wir ergreifen können, und in das wir hinein planen. In dieser Form der Einheit vermeintlich „dreier Zeitdimensionen" konstruieren Menschen die Gestalt eines Ganzen ihres Lebens. Soweit ist das trivial.

Diese Ganzheit erwacht zu unverwechselbarem Leben in der Form einer *Geschichte,* die wir uns und anderen *mitteilen.* Ich schlage dafür den Begriff einer lebensgeschichtlichen *Rückbezüglichkeit* vor, der die Fähigkeit bezeichnet, sich selbst und anderen die eigene Lebensgeschichte erzählen zu können. Sie bestünde darin, sich zur eigenen Vergangenheit zurückwenden, *„sie versammeln, sie nach Belieben vor seinen Augen ablaufen lassen und ein Verhältnis zur ihr unterhalten"* zu können. Ihr Gegenstand wäre der angeeignete und erzählbare Zusammenhang, der unsere Lebensganzheit ist.

Diese Kompetenz können wir lernen, indem wir uns aktiv einbetten in diese Geschichte und sie uns und anderen mitteilen und aufklären. So erzeugen wir selbst die *Wahrnehmung* der *Ganzheit* unseres Lebens und sie wird uns immer bewusster. Das ist also zu üben möglich.

Was wir mit dem Begriff der Erzählerhoheit, ausgeliehen aus der Literaturkunde, erfassen, kann uns jedoch streitig gemacht oder gar von anderen genommen werden. Besonders qualifizieren sich dabei Partner, nächste Angehörige oder Freunde, die sich dazu berufen fühlen, für uns zu sprechen. Deshalb ist dies unverbrüchliche Recht, unsere eigene Geschichte in unseren eigenen Worten zu erzählen, auch immer wieder zurückzuerobern, zu erringen und zu verteidigen gegen die Deutungsansprüche anderer.

In dieser Geschichte, deren auktorialer Erzähler die einzelnen Subjekte sein können, ist nichts ein für alle Mal festgefügt, obschon das Beharrende überwiegt. Jedes Erlebnis erfährt dabei seine Gewichtung und seine Bedeutsamkeit aus der Gegenwart und jenem Entwurfsein, das wir noch sein wollen. Manchmal treten dann Ereignisse in den Hintergrund, die noch vor Jahren höchst bedeutsam waren. Sie werden nun von anderen überlagert, gar verdeckt. Oder, umgekehrt, tritt eine Begebenheit, bisher wenig beachtet, plötzlich in den Vordergrund und wird unerwartet hoch bedeutsam. Nun erhält das Bisherige eine neue Bewandtnis und Färbung. So gehören ganz natürlich immer wieder Neu-Gewichtungen und Neu-Bewertungen zur Vollzugsweise unseres Erzählens von uns selbst.

Es gibt Lebensphasen, die wir weniger genau und detailreich im Gedächtnis gespeichert haben; sogar weiße Flecken auf der Landkarte unserer Erinnerung. Während andere Zeiten sich durch eine große Ereignisdichte auszeichnen, die wir mühelos mitteilen können. Das ist uns nicht fremd. Bei alldem ist jedoch eines entscheidend: dass wir eine Einheitsbildung überhaupt leisten können. Denn das sollte klar sein: Wo keine Einheitsbildung geschieht, da keine Wahrnehmung von etwas Ganzem. *Gelingt* es außerdem, die Geschichte unserer Lebensschritte so wahrzunehmen, dass sie in uns einen *Wohlklang* erzeugt, kann aus diesem Selbstbezug tiefe und auf Dauer gestellte *Selbstbejahung* fließen.

Versuchen wir, eine solche zusammen klingende Lebenseinheit zu erfassen. Fragen wir uns, was wir anschauen, wenn wir ihre Gestalt fühlen und vorstellen?

Wir werden sie nicht als Resultat einer erinnerten maximal hohen Summe von Glücksmomenten erleben, die sich angehäuft und angesammelt haben, wie Bonusmarken vom Discounter. Die wie luftgefüllte Plastikbälle in einem Bällebad lose und unverbunden nebeneinander liegen und nicht tatsächlich miteinander kommunizieren und wechselwirken.

Das macht ja gerade ihre Qualität aus, dass wir die einzelnen Etappen und Momente unseres Lebens als *verbundene* wahrnehmen. Der eine *erläutert* geradezu den andren und umgekehrt. Deshalb hat dies Ganze auch *Bestand*, weil es in sich *vernetzt* und so relativ stabil ist. Wagen wir ruhig von einem *roten Faden* zu sprechen, den wir wahrnehmen und *fortspinnen*. So geht es tatsächlich um die *Anschauung* einer *qualitativen Einheit* unseres Lebens, wie der Philosoph Martin Seel (11) formuliert, eine Geschichte, die wir uns selbst und anderen *gern* erzählen und deshalb ins Offene schreitend zuversichtlich fortzuschreiben wünschen.

Dieser Zusammenhang muss, wie gesagt, keiner sein, der überhaupt nur aus lauter angenehmen oder gleich gelingenden Lebensphasen besteht. Beileibe nicht! Die meisten von uns haben erlebt, dass es Zeiten gibt, die nur auszuhalten sind, um nicht zu zerbrechen. Zum wirklichen Leben gehören nicht nur Perioden, die beschwingt, leicht und heiter glücken, aus welchen undurchschaubaren Gründen auch immer und uns beinahe nichts abfordern. Sondern auch krisenhafte, längere und kürzere Lebensabschnitte, während derer wir an uns und der Welt leiden, die jedoch in den insgesamt gelingenden Zusammenhang integriert werden können und dort ihren berechtigten Platz finden.

Gerade diese Lebensabschnitte, die wir nur mit einem Höchstmaß an Anstrengung und Mut bewältigt haben, können uns im Nachhinein Quelle von Kraft und Zufriedenheit werden. Ich habe diese Krankheit überwunden, jene Anfeindung im Beruf pariert. Bin mit einer mehrmonatigen Überforderungssituation zurechtgekommen ohne zu klagen. Habe anderen davon nicht einmal etwas mitgeteilt.

Oder gerade umgekehrt: Weil ich diesmal meinen Stolz überwunden, weil ich mir Hilfe geholt habe, was ich doch sonst vermeide, ist es mir gelungen, die Zeit zu überstehen. Schließlich habe ich die Trennung, über so viele Jahre schon gewollt, vollzogen – trotz Zukunftsangst und anfänglicher Verzagtheit.

Eine als Einheit wahrgenommene Lebensgeschichte kann freilich auch der *Unglückliche* haben. Aber in dessen Leben klingt es nicht voll aus einem erlebten erfüllten Zusammenstimmen des ganzen Lebens heraus.

Ich sagte, wir leben an drei Zeitstellen: im Vergangenen, im Gegenwärtigen und in der Zukunft. Wenn eine von diesen dreien „nichts taugt" kann der Mensch unglücklich werden. *Reue* wäre Ausdruck einer Vergangenheit, die nichts taugt. Reue als ein *misslingender* Selbstbezug ist die Gefahr, von fehlerhaft bewerteten Entscheidungen und Versäumnissen nicht mehr los zu kommen. Reue *verhindert* das Klingen nachhaltig; deshalb ist Lebensreue so gefährlich. Der Schweizer Aphoristiker Jaques Wirion schreibt zur Reue: *„Bei manchen erobert diese negative Sicht die gesamte Lebensvergangenheit, die sich somit in eine nie versiegende Unluststimmung verwandelt. (...) Der schwarze Rückblick führt alles auf ein Missgeschick, eine falsche Entscheidung zurück, die das eigene Leben ein für allemal in einen Tunnel ohne Ende geführt hat"*.

Reue als Selbstbezug untergräbt den Menschen. Sie ist eine selbstzerstörerische, furchtbare Lebensmacht, die uns von dauerhaftem Glück nachhaltig abschneidet, weil sie die Quellen zum Glück verschließt und, einem Fixstern der Selbstverneinung gleich, den Menschen in sein Gravitationsfeld zieht, ohne Entkommen.

Vergegenwärtigen wir uns das bisher Gesagte an einem Gedicht von Leo Sternberg: *„Weiten Lebens ein Geläute:/ Hundert Glocken sind im Schwung,/ Gestern reiht sich an das Heute,/ Durch mein Herz, das nichts bereute,/ Vollklang der Erinnerung".*

Weiten Lebens ein Geläute:

Das ist unser Leben von der Wiege bis zum aktuellen Jetzt. Je älter das einsehbare Leben, desto länger die Zeitstrecke, die es sich ausdehnt. Aber da ist eben nicht nur von einer zeitlichen Erstreckung die Rede, sondern von einem Klingen, das uns erfüllt, einer Qualität dessen, was sich da erstreckt: der Vollzug eines Lebens nämlich in seinen einzelnen Schritten und Fortsetzungen.

Hundert Glocken seien im Schwung.

Tatsächlich sind es viel mehr. Sie stehen für die Fülle des Erfahrenen, die Fülle von Geschehenem, Getanem, von Begegnungen, Erlebtem, an die wir uns erinnern im Jetzt, eben jetzt, wenn wir das *wollen.* In einem einzigen Augenblick kann diese Fülle der Lebensereignisse zusammen klingend versammelt sein, in einem von hundert Glocken klingenden Vollklang unseres Lebens.

Oben war bereits vom Begriff des biografischen roten Fadens die Rede, den wir spinnen. Weil es sich lohnt, will ich hier an ihm anknüpfen. Gelingt die dargestellte positive *Gesamtschau*, dann heißt das, dass wir einen gegründeten Ausgangspunkt gefunden haben, *„von dem aus die Fortsetzung des eigenen Lebens so geführt werden kann, dass die eine Handlung richtig und die andere falsch, etwas als zum eigenen*

Leben gehörend oder ihm fremd erscheinen kann". D.h.: Sobald wir diese Lebenseinheit, die gelingt, erfassen und darin ein *Lebensmuster* entdecken, das uns trägt, sind wir in der Lage, auch bewusst an einem Gelingen weiter zu bauen. Denn wir halten *Maßstäbe* unseres Handelns in Händen, die uns in unserem Leben zugewachsen sind oder die wir uns erworben haben. Von diesen erprobten Posten aus können wir unser Leben verlässlich weiterführen. Wir finden uns im Besitz eines *Kompasses,* der uns Richtung gibt und Urteilskriterien, nach denen wir auch künftig handeln werden.

Anders: In jede Handlung geht der ganze Mensch ein, nicht nur ein stets nach Lage wechselndes Menschen-Fragment. Auf diesen Sachverhalt hat schon Cicero aufmerksam gemacht, als er von der Konsistenz sowohl des gesamten Lebens als auch der einzelnen Handlungen sprach. Und er wies darauf hin, dass diese nicht zu bewahren ist, wenn man in seinem Leben andere imitiert und dabei das erworbene Eigene übersieht (12).

Wem dies gelingt, den erfüllt die gute Hoffnung, zwar in eine ungewisse Zukunft, aber in eine mit positivem und insgesamt freundlichen Erwartungshorizont zu schreiten. Aus der positiven Bewertung quillt Zuversicht für die Zukunft. Das fördert unsere Handlungsfähigkeit und die Auffassung, dass es gelingen wird.

Für den Philosophen Hegel war alles Vernünftige ein Schluss. Dieser Schluss war für ihn mehr als nur eine logische Figur. Ein Schluss ergibt sich, wenn der Anfang und das Ende eines Vorgangs einen sinnvollen Zusammenhang, eine sinnstiftende Einheit bilden. Rituale, Zeremonien und Feste dienen einem solchen Schluss. Denn sie binden verschiedene Anfänge von etwas und deren Enden im Leben zusammen. Sie stellen

Zusammenhänge her, die Zeiten übergreifen. Seien das nun jahreszeitliche, religiöse oder private.

Sagten wir nicht, dass jeder einzelne Mensch die Einheit seines Lebensganzen formen und erzählen können *sollte?* Aber wozu denn? Damit sie fähig werden, ihr Leben zu einer *gerundeten Gestalt* zu verbinden.

Lebensrundung am Ende, aber auch Gliederung der einzelnen Zeiten, die aufeinander folgen, besorgten dazumal tradierte Institutionen: Religion, Familie, gewachsene Gemeinschaft – soziale Gefüge also, die heute an Substanzverlust leiden.

Was Wunder, dass eine wachsende Zahl von Menschen heute ihr Leben zunehmend zerstreut und bruchstückhaft wahrnimmt. In dem Maße, in dem Freiheit zunimmt, wächst auch der Druck, zu entscheiden und Verantwortung für sich zu übernehmen. Wer dazu nicht in der Lage ist, wird sich selbst gegenüber ein Text, der nicht mehr verstanden und deshalb auch nicht mehr erzählt werden kann. Zurecht mahnte Seneca, mit seinem Leben nicht ständig neu zu beginnen. Vor allem dem Fehler zu erliegen, nur Einzelheiten des Lebens zu bedenken, aber nicht sein Ganzes. Wer sich dessen schuldig mache, führe ein Leben, das nur *„immer Stückwerk"* bliebe. *„Für den, der nicht weiß, welchen Hafen er ansteuern soll, kann es gar keinen günstigen Wind geben"*.

Wer sein Leben nur von Tag zu Tag, von Woche zu Woche, von Jahr zu Jahr ohne Zusammenhang, ohne inneres Band lebt; wer von Lebensabschnitt zu Lebensabschnitt springt, durch unvermittelte Brüche verknüpft; wer nur Einzelmomente aneinanderreiht, dessen Lebenspraxis erliegt einer folgenreichen Schwäche. Sie besteht darin, nicht nur nicht über einen angeeigneten Lebenskompass zu verfügen, sondern eine wesentliche Quelle dauerhafter Selbstbejahung herzuschenken.

Jedoch schwindet die Fähigkeit, das eigene Leben als ein Ganzes wahrnehmen zu können. Sie wird aufgerieben im Alltag einer Hochleistungs-Gesellschaft, die Besinnung nicht mehr zulässt. Im Vorwärtshetzen dann wächst das Erleben, nicht mehr zu übersehen, was mir passiert. Man spricht in diesen Fällen von *Entfremdung*. Das beunruhigende Bemerken, mein Leben zerfällt in Bruchstücke, mag ein Beispiel dafür sein. Der Schriftsteller Henning Mankel stellte fest: *„Heuzutage ist die Erinnerungsdauer möglicherweise kürzer als je zuvor in der Menschheitsgeschichte."*

Deshalb steht jeder und jede für sich in der Pflicht vor sich selbst, das Ganze seines Lebens zu einer guten Ordnung zu fügen und sich bewusst zu machen. Oliver Sacks, der amerikanische Psychiater und Autor, sah das ebenso. In einem seiner Bücher teilte er seinen Lesern mit, wie es ihm gelang, sein Leben zu betrachten *„als eine Art Landschaft, und mit einem vertieften Empfinden für die Beziehung zwischen allen ihren Teilen".*

Ist der Kompass, der uns durchs Leben navigieren hilft, erworben, kann daraus Handlungssicherheit erwachsen in der Fortsetzung unseres Lebens. Die Gewissheit, die uns auffordert, weiterzumachen, was auch andere dagegen einzuwenden haben: diese Erfahrung, Qualität eines gelingenden Selbstbezugs, zu dem Menschen sich befähigen können, versuchte ich zu zeigen, kann *Quelle* eines Glücks sein, das dauerhaft und tief zu wirken vermag.

Mit einem Hinweis, der sich der *Zeit* widmet, möchte ich diesen Abschnitt abschließen. Ich sagte, Glück, das andauert, speise sich zu einem guten Teil aus einem Zusammenbinden dessen, was war, was ist und was sein wird. Gilt das, dann hat es einen Bezug zu zwei Zeitdimensionen, die – seltsame Formulierung – allein durch unsere Vorstellungskraft *hervorgebracht* sind. Ich meine natürlich Vergangenheit und Zukunft.

Diese Wortfolge „hervorgebracht durch unser Vorstellen" mag befremdlich klingen. Ich will das Ungewöhnliche deshalb erläutern. Es war der Kirchenmann Augustinus, der im 11. Buch seiner „Bekenntnisse" erstmals festgestellt hatte, dass Vergangenes wie Zukünftiges nur im menschlichen Bewusstsein vorkomme. *Wirklich,* in einem präzisen Sinne von *jetzt anwesend,* sei nur der Hof des Gegenwärtigen unserer fünf Sinne. Das lässt die große Bedeutung der bewussten Wahrnehmung von positiv erlebter Gegenwart in unserem Leben ahnen (s. S. 191ff).

Die beiden „Zeitdimensionen", die wir nach hinten, durch unser Erinnern, und nach vorn, durch unser Vorwegnehmen, „aufspannen", seien bloße *Produkte* unseres *Vorstellens.* Sie seien nicht *real,* sondern *ideal.* Natürlich ist der Beinbruch wirklich gewesen, der vor dreißig Jahren meinen Urlaub vorzeitig beendet hatte. Aber dies Geschehene ist nicht mehr. Wo ist es? In meiner Vorstellung, in meiner Erinnerung. Dort ist es aber ein Gedankending. Gleich dem Minotaurus, den ich mir vorstelle.

Mit dem Zukünftigen ist es nicht anders. Das begreifen wir besser. Das, was sein wird, ist real als vorweggenommener Entwurf. Wirklich ist sein Inhalt aber als Idealität, als ein Gedankending in der Form eines Plans etwa.

Wollten wir begreifen, was Zeit ist, dann müssten wir uns zunächst von der Auffassung befreien, sie sei etwas, das drei

Dimensionen aufweise. *Zeit* scheint vielmehr das *Dauern* von aneinander gebundenen „Augenblicken" zu sein – „Jetzt-Punkten", die aber gar keine sind, um fein säuberlich getrennt werden zu können. Stattdessen sind sie als ineinander übergehende in einem kontinuierlich abfließenden *Zeit-Strom*.

Das zu verstehen, fällt uns deshalb schwer, weil wir Kinder der Raumwahrnehmung sind. Wir meinen irrtümlich, Zeit mit Instrumenten, Uhren genannt, *erfassen* zu können, indem wir sie, ebenso wie den geometrischen Raum, in immer kleinere Raumteile, in Intervalle zerlegen.

Begreifen wir Vergangenheit und Zukunft aber als das, was sie sind, nämlich als bloß *Vorgestelltes,* dem *Zeit-Strom* gewissermaßen nicht zugehörend, dann begreifen wir vollends, warum kleine Kinder oder andere Tiere *Augenblickswesen* sind. Sie verfügen (noch) nicht über die Fähigkeit, sich vorstellend auf die drei bekannten „Zeit-Abschnitte" zu beziehen, wozu der erwachsene Mensch allerdings befähigt ist. Er vermag sich zu „zeitigen", d.h. einen Zeit-Raum dreier Zeit-Dimensionen aufspannen zu können.

Eine Lebenspraxis beispielsweise, die die Wahrnehmung von Gegenwart in den Vordergrund stellt, verfügt über Praktiken, die die beargwöhnten *sekundären* Zeitdimensionen zu reduzieren bestrebt ist. Das geschieht, indem das Denken und vor allem das ewige Sich-Sorgen um alles Mögliche in seine Schranken gewiesen wird.

An dieser Stelle interessiert mich aber die *umgekehrte* Anwendung unserer Vermutung über die Zeit.

Wenn die Fähigkeit, sich aus sich tief und dauerhaft zu bejahen, nicht zum mindesten auch auf vorwegnehmendes und erinnerndes Vorstellen zurückgehen sollte, dann folgte daraus, dass das *Lebensgewicht* der Gegenwart eben dadurch *zurücktritt* oder doch zurücktreten *kann.* In dieser Folgerung läge eine bedeutsame Einsicht, die die *innere Struktur jenes Glücks,* das ich anschaulich machen möchte, beschreibt.

Warum ist diese Einsicht beträchtlich?

Weil uns Gegenwart dann *nicht* mehr ganz *unmittelbar* in unserem Lebens- und Gefühlshaushalt *bestimmt.* Wir können uns vom akut Andrängenden ein Stück weit distanzieren und so befreien. Dieser Umstand ist dann von erheblicher und zwar positiver Bedeutung, wenn die Gegenwart belastet, schmerzt oder misslingt. Wir sind dann in der Lage, diese Erfahrungen zu relativieren dadurch, dass wir sie in Bezug setzen zu dem, was in unserem Leben bereits gelungen oder nach der Krise an Positivem zu erwarten ist (13).

Ich spreche hier von einer selbstbezüglichen *Widerstandskraft,* die in der Wahrnehmung des Lebensganzen als eines Wohlklanges *gründet.* Diese Kraftquelle können wir anzapfen, indem wir im Selbstbezug Abstand nehmen vom Unmittelbaren und uns dem bereits Erlebtem zuwenden, das uns stärken kann.

Zwar entbehrt ein solches Glücklichsein nicht der Dimension von Gegenwartswahrnehmung. Zugleich aber kennzeichnet eine solche Glücksgestalt eine erlebbare *diachrone* Dimension, eine solche also, die die Gegenwart überschreitet in einer Einheitsstiftung der „drei Zeiten".

Selbstbejahung, Glück, das ist ja der Witz, kann dann auch in Momenten und Lebensphasen anwesend sein, die uns stark fordern und belasten. Deshalb, weil wir fähig sind, uns im Vorstellen unseres Lebensganzen, das wohl klingt, vom Gegenwärtigen zu distanzieren, ja, ich wage zu sagen, uns über es ein Stück weit hinaus heben zu können. Wie eine Schwalbe noch keinen Sommer macht, so stellt eine krisenhafte Phase im Leben nicht gleich jene Qualität von Bejahung in Frage, die ich erhelle. Sie erleidet dadurch nicht auf die Schnelle Abbruch. Im Abschnitt: „Von der Kraft des Positiven im Negativen" nehme ich darauf noch einmal ausführlich Bezug.

Über Selbstbestimmung

In der Fähigkeit, zu einem großen Maße aus sich heraus *entscheiden,* d.h. *innengeleitet* handeln zu können, sehe ich einen weiteren *Quellgrund* dauerhafter Selbstbejahung.

Selbstbestimmung muss aber *erworben* werden. Sie setzt die Mühe und den Willen voraus, sich selbst kennen zu lernen. Deshalb zähle ich vorab einige Wege des Selbstkennenlernens auf, ehe ich die beglückende Erfahrung zu erhellen versuche, der und die zu sein, der/die zu sich und der Welt in einem *freien* Verhältnis lebt.

Wege des Selbstkennenlernens

Wer erfahren will, wer er ist und was er will, der muss sich eigens zum Thema machen. Das erscheint schwierig und für manche ungewohnt. Jedoch gibt es einige Wege zu uns selbst, die zu gehen wären. Ich zähle sie in loser Folge auf. Nur auf den letzten möchte ich ausführlicher eingehen.

Erstens: Wir können unsere Erinnerungen ordnen und *aufschreiben,* können unsere Geschichte rekonstruieren und uns erzählen. Gelegentlich passiert es dann, dass wir einige Geschehnisse neu gewichten, nur deshalb, weil wir uns zwingen, wahrhaftig zu sein, genau hinzusehen und dabei nach den richtigen Worten suchen. Oder es kommt vor, dass wir plötzlich etwas Neues entdecken, was bisher ganz im Schatten unserer Aufmerksamkeit gelegen hat. Diese neue Einsicht wirft ein Licht, das die eine oder andere Szene, zu unserem großen Erstaunen, verwandelt. So entsteht ein Zuwachs an Selbstbekanntschaft.

Zweitens: Wir können ebenso zu Papier bringen, was wir aktuell denken und fühlen. Manch einer entdeckt sich, indem er zu sich Distanz schafft im geschriebenen Wort. Der Philosoph Safranski notierte über Goethe: *„Zur Sprache kommen heißt: zu sich selbst kommen. In der Sprache und dann im Schreiben bringt er sich hervor, stellt er sich dar, auch für sich selbst. Wer er ist, wird er immer erst wissen, wenn er es gesagt hat. Oder geschrieben".* Man kann das probieren und üben. Dann wird zum Beispiel das eigene *Tagebuchschreiben* zur selbsterschließenden und selbstheilenden Betätigung. Diese „publicatio sui" ist als literarische Form alt. In der Antike gehörte sie zu den täglichen Verrichtungen eines sich selbst erkundenden Subjekts.

Drittens: Wir können spielend leicht (wir müssen nicht einmal das Zimmer verlassen) *lesend* unseren Erfahrungshorizont erweitern. Können uns fremde Perspektiven aneignen und sie mit den unsrigen vergleichen. Auch so lernen wir über uns. Vom Schöpfer der „Kritik der reinen Vernunft", Immanuel Kant, wird berichtet, dass er gelegentlich Vorlesungen über Geografie hielt. Man sagt, er habe dies auf eine Weise anschaulich und scheinbar erfahrungsgesättigt getan, als hätte er sein halbes Leben die Erdkruste bereist. Tatsächlich soll er niemals weiter als in einem Umkreis von annähernd fünfzig Kilometern

Königsberg verlassen haben. Eine bemerkenswerte Fähigkeit. Was liegt ihr zugrunde? Fleißige Lektüre, die Aneignung von horizonterweiternden Kenntnissen – wir wissen, dass Kant vor dem Zubettgehen mit Vorliebe Reisebeschreibungen las – und exorbitante Neugierde. Schließlich der Besitz einer einzigartigen Einbildungskraft, vermöge derer er Landschaften und Städte vor dem inneren Auge seiner Zuhörer erstehen ließ, als berichtete er frisch aus erster Hand. Einem anderen, antiken Lehrer der Bescheidenheit, Sokrates, dient man folgenden Ausspruch an: Der Kluge lernt aus allem und von jedem, der Normale aus eigener Erfahrung und der Dumme weiß alles besser.

Nehmen wir Kants Beispiel und Sokrates Satz als Aufforderung dazu, unseren begrenzten Tellerrand zu überschreiten und neue Weltgehalte zu erobern, auch um uns so im Kontrast des Unbekannten und Anderen besser verstehen zu lernen.

Viertens: Ein weiteres Vehikel zu uns selbst ist das *Gespräch.* Wir kennen das wohl alle. Ergreifen wir es, ob mit Freunden, Angehörigen oder mit Menschen, die uns fremd sind, kann es gelingen, dass wir die Oberfläche durchstoßen, wenn wir mutig sind, und in die Tiefe gehen. Zum Mut gehört, ohne Scheuklappen, ohne Tabus und Hintertüren sich auszutauschen, auch etwas zu riskieren, um hernach beschenkt und reicher auseinander zu gehen als man es zuvor war.

In Gesprächen, in denen der eine dem anderen nicht ausweicht, kommen sich zwei Menschen näher. Aber auch jeder sich selbst, indem er sich mit sich selbst bekannter macht. Vielleicht entstehen neue Blickweisen. Oder man erprobt gedanklich Neues, und unser Reagieren darauf zieht etwas an den Tag, was wir vordem über uns noch nicht wussten. Kurz: Wir können uns auch in gelebter Kommunikation entdecken.

In diesen Kreis von Möglichkeiten gehört auch das Gespräch mit der professionellen Therapeutin, das uns frei steht aufzunehmen, wenn die Last des Selbstseins zu groß wird.

Fünftens: Zu guter Letzt ist uns eröffnet, jeden Tag aktiv unsere Grundfähigkeiten zu entfalten, indem wir *handelnd* in die Welt eingreifen und sie uns auf diese Weise *aneignen*. Aber das ist ja das Kuriose: Wir erschließen auf diese Weise nicht nur fremde Welt – darauf will ich hinaus, sondern wir erschließen *uns* auf diese Weise auch ganz besonders *neu*.

Das führt auf die These, auf die ich in diesem Zusammenhang hinsteuere: Der ergiebigste, der fruchtbarste Weg, sich kennen zu lernen, sei, sich handelnd in die Welt zu begeben. In diesem Sinne schrieb Albert Camus in sein Tagebuch: *„Um sich selbst zu erkennen, muss man handeln"*. Ich möchte das kurz ausführen.

Handeln soll für jetzt heißen, sich in Kontakt mit der Welt zu begeben und in sie hinein zu agieren. Tun wir das, leistet sie in der Regel Widerstand. So etwa, weil sie sich uns in den Weg stellt und unseren Gang hemmt oder uns nötigt, andere Wege einzuschlagen oder neue Ziele zu formulieren. In diesem Spiel der Kräfte lernen wir uns kennen.

Im Handeln erschließen wir nicht nur Welt, sondern auch uns selbst. Wir lernen, was wir *können* und was wir *nicht können*. Wir lernen, wo unsere Grenzen liegen und was noch geht. Es kommt ja vor, dass wir feststellen: was ich wollte, wusste ich erst, als ich handelte. Erst im Handeln wurde mir das klar. Erkennen wir also im In-die-Welt-Handeln den aufschließenden Schlüssel zu uns selbst. Kurzum, was wir sind, *spiegelt* uns die Welt. Sie zwingt uns, über uns nachzudenken, die Motive und Gründe unseres Handelns zu hinterfragen und unsere Einstellungen zu prüfen. So werden wir immer mehr mit uns bekannt.

Zum Handeln, das wir wählen, gehört die *Selbstaufmerksamkeit* als dem Medium, in dem wir uns nahe kommen. Sie ermöglicht Distanz zu uns, stellt Abstand her zu unseren Gedanken, Gefühlen und Motiven, derer wir uns bewusst werden wollen. Sie hält uns ferner bei einer Sache fest und verhindert das Zerstreutsein, das flatterhafte Wegspringen, das unsere Selbstwahrnehmung stört. Marc Aurel, der Philosophen-Kaiser, meinte: *„diejenigen, die nicht mit Aufmerksamkeit den Bewegungen ihrer eigenen Seele folgen, geraten notwendig ins Unglück"*.

Wir sehen ein: Menschen lernen sich vor allem kennen aus dem, was sie tun oder getan, weniger aus dem, was sie bloß denken oder gedacht haben. In diesem Sinne schrieb Goethe: *„Der Mensch kennt nur sich selbst, insofern er die Welt kennt (...) Jeder neue Gegenstand, wohl beschaut, schließt ein neues Organ in uns auf"* – d.h. eine neue Weise zur Welt Kontakt aufzunehmen und zugleich sich kennen zu lernen. Dass Goethe, wie so oft, über sich selbst schreibt, legt eine Formulierung Diltheys nahe, denn dieser wendet Goethes Satz auf ihn selbst wie folgt an: *„Er ließ Menschen und Dinge auf sich wirken, und handelnd belehrte er sich über sich selbst und die Welt"*. Das trifft ins Schwarze. Um verwirklichen zu können, was möglich ist, muss das Mögliche zuerst sichtbar werden.

Höchste Selbstbekanntschaft erwächst uns allerdings aus ganz *neuem Handeln,* Handeln in unvertrauter Situation. Darin schlummern und warten zwar größte Herausforderungen auf uns, aber zugleich auch größte Chancen, über uns selbst Kenntnis zu erwerben.

Jedoch lernen Menschen sich nicht nur selbst kennen in ihrem Handeln. Sie werden auch aus ihren Handlungen von anderen *erkannt*. Im Zarathustra, II. Teil, Kap. „Von den Tugendhaften", schreibt Nietzsche, dass unser *„Selbst in der Handlung sei, wie die Mutter im Kinde ist"*. Begreifen wir das nur in der rechten Weise. Unser Handeln ist ja Resultat einer langen Lebensgeschichte von Selbst- und Weltbezügen, die wir *sind*. Es kann uns dann nicht wundern, wenn im Handeln unser gewordener Charakter, unser Selbstsein auch für andere sichtbar wird (14).

Halten wir fest: Wenn wir herausfinden wollen, wer wir sind, können wir es nicht unmittelbar in *„Selbstfundierung"* d.h. im Rückgang auf uns selbst, sondern nur durch Vermittlung der Welt. Wenn wir in die Welt hinein handeln wie in einen *Echoraum,* bekommen wir zurückgeworfen, wer wir sind. Diesem Gedanken gibt Friedrich Hebbel im Gedicht: „Welt und Ich" einen poetischen Ausdruck: *„Im großen ungeheuren Ozeane/ Willst du, der Tropfe, dich in dich verschließen?/ So wirst du nie zur Perl zusammenschießen,/ Wie dich auch Fluten schütteln und Orkane./ Nein! Öffne deine Organe/ und mische dich im Leiden und Genießen/ Mit allen Strömen, die vorüberfließen (...)/ Und fürchte nicht, so in die Welt versunken,/ Dich selbst und dein Ureignes zu verlieren:/ Der Weg zu dir führt eben durch das Ganze".*

Was wir von uns erkennen können

„(Vor dem Ende) sprach Rabbi Sussja: In der kommenden Welt wird man mich nicht fragen: Warum bist du nicht Moses gewesen? Man wird mich fragen: Warum bist du nicht Sussja gewesen", in: Martin Buber, Die Erzählungen der Chassidim

Nun ist allgemein anerkannt, dass es erstaunlich schwierig ist, sich selbst zu erkennen, d.h. in Erfahrung zu bringen, wer man ist und was man tatsächlich will. Damit sind die beiden Dimensionen des Selbstes genannt, die Gegenstand von Selbsterkenntnis sein können. Die Frage, wer man ist, fragt nach unserem *Selbstbild:* Was weiß ich von mir? Wer bin ich? Was kann ich? Wie und warum bin ich so geworden? Die Frage nach dem, was und wie ich sein will, fragt nach unserem *Selbstentwurf.* Sie spielt in einer Dimension der Selbstbewertung und formuliert ein Selbstideal. Fragen wir also kurz, was das ist, was wir erkennen können an oder in uns, wenn wir uns (15) *„selbstdurchsichtig"* werden.

Das, was wir erstreben, kann nichts Flüchtiges, Einmaliges, Peripheres sein. Es wäre uns schon entschlüpft, ehe wir es in den erschließenden Blick bekämen. Es muss Substanzielles zum Gegenstand haben, Invariantes, Dauerhaftes, wie ich gern sage, den *Kernbereich* unseres Selbstes also.

Zu diesem Kernbereich gehört ganz gewiss unsere *Lebensgeschichte,* die wir uns bewusst machen können in ihren Phasen und einzelnen bedeutungsvollen Momenten. Dazu zählen auch soziale *Einflüsse* und *Prägungen,* die uns von außen formten und leiteten. Wir können darauf eigens reflektieren und uns damit beschäftigen auf den schon gezeigten Wegen.

Zum Bestand des Erschließbaren gehören zweitens unsere *Grundhaltungen* und *Kernüberzeugungen* sowie das Strickmuster unseres *Gefühlshaushaltes,* d.h. das emotionale Gewebe unseres Charakters, mit dem wir mit der Welt verwoben sind.

Drittens erkennen wir unser *Können* und *Nicht-Können,* Fertigkeiten, Fähigkeiten und Talente, indem wir uns in der Welt erproben. Wir können das zugänglich machen, was wir uns zutrauen und was nicht. Letzteres ist unser ganz persönlicher *Grenzverlauf.* Ferner was uns zuträglich ist und was ganz genau nicht. Damit sei das passgenau Uns-Gemäße und das Nicht-Integrierbare gemeint.

Zum Wissen, wer man ist als Individuum, gehört aber auch ein *Auskennen* in Weltgeschichte und Gesellschaft sowie *Einsicht* in die *Existenzbedingungen* unseres menschlichen Lebens (16).

Jedoch erweist sich ein menschliches Subjekt, das sich völlig durchsichtig wird, als Unmöglichkeit. Denn Wesen, die ihr Dasein als *Selbstverhältnis* zubringen, sind sich konstitutionell stets ein Stück *voraus* und so auch unbekannt. Ein Wissen, das sich selbst zum Gegenstand macht, wie das Selbstwissen, verändert sich ja sogleich, wenn es Neues entdeckt, so dass es niemals zur Ruhe einer letzten Erkenntnis kommen kann. Das ist das Dilemma des Menschen: Nie *genau* wissen zu können, wer man ist und was sein wird.

Diese Tatsache verunmöglicht jedoch nicht das, was wir in der Tat beobachten: Dass wir im Selbstbekannt-Werden *fortschreiten* können. Dass Menschen eine immer größere Klarheit über sich selbst gewinnen und sei es auch nur in kleinen Stücken. Wenn das aber erfolgt, dann kann uns gelingen, dass wir uns von lästigen, lähmenden oder auch lächerlichen Selbsttäuschungen befreien. Von Selbstbildern, die auf falschen Zuschreibungen beruhen. Man hält sich für intelligent, ehrlich und großmütig. Stattdessen ist man dumm, unaufrichtig und knauserig. Mit anderen Worten: Selbsterkenntnis ist *steigerbar.* Es gibt ein Mehr oder Weniger, das wir erwerben oder nicht erwerben können.

Womöglich ist es sogar klug, ganz Abstand zu gewinnen von einem Begriff, der durch die innere Unruhe eines Selbstverhältnisses sich als problematisch erweist. Mir fällt es gar nicht schwer, den Ausdruck Selbsterkenntnis ins Archiv für abgelegte Begriffe zu verabschieden und zu ersetzen durch bescheidenere wie Selbstbekanntschaft, Selbstklarheit oder Selbsterschlossenheit. Im Übrigen mag es manchem gar nicht wünschenswert sein, alles von sich im hellen Licht zu wissen. In diesem Sinne dichtete Friedrich Rückert: *„Den Spruch: Erkenne dich!`sollst du nicht übertreiben;/ Laß immer unbekannt dir in dir etwas bleiben./ Den Grund, aus welchem quillt dein Dasein, mußt du fühlen;/ Zerstören wirst du ihn, wenn du ihn auf willst wühlen./ Die reine Quelle wird, frech aufgewühlt, ein Sumpf;/ Nicht wer sie nicht erkennt, wer sich nicht fühlt, ist dumpf."* Wie dem auch sei.

Wer sich aber durch Anstrengungen, die ich zu erhellen versuchte, befähigt hat, sich selbst erschlossen zu sein, dem winkt nicht unbedeutender *Lohn.* Sie und er können nun immer öfter von sich absehen. Sie können sich – sich selbst gegenüber – gewissermaßen eine freigebende *Beiseite-Stellung* leisten und sich anderem zuwenden, denn sie haben sich aus der gröbsten Fraglichkeit gearbeitet. Das gibt Raum für die Ausweitung und Intensivierung von relativ freien Selbst- und Weltbezügen. Handlungen also, die der Fähigkeit von Personen entspringen, dass sie das, was sie tun, *„aus eigener Erfahrung, eigener Überzeugung und eigener Entscheidung"* vollziehen. Diese Vollzüge, Frucht allmählichen und fortgesetzten mit sich selbst Bekannt-Werdens, wie wir einsehen konnten, werden zurecht innengeleitete oder *selbstbestimmte* genannt. Hans Krämer schrieb, getragen von beträchtlichem Zutrauen ins mögliche

Eigene: *"Dann zeichnet sich ein Aufbau von Freiheitsstufen und -ebenen ab, in dem auf die Freiheit von Zwängen und Defiziten die über Alternativen verfügende Wahlfreiheit bis hin zu einer relativen Autarkie des Beisichselbstseins ... folgt, die weiterhin in autonomer Zielsetzung kreativ ausgestaltet und variiert"* werden kann. Damit formuliert Krämer eine *Zielqualität* des Selbstbezugs, die unmittelbar an das zum Unterschied von Fremd- und Selbstbejahung Gesagte anknüpft.

Selbstbestimmung und ihre glücksrelevanten Folgen

Und was hat Selbstbestimmung mit Glück zu tun? (17)

Getragen von der Erfahrung fortgesetzt gelingender Selbstwirksamkeit erwächst bald ein *Bewusstsein* davon, Steuermann des eigenen Lebens zu sein. Nicht gelebt zu werden, sondern den Kurs bestimmen und halten zu können. Wer sich selbstbestimmt erlebt, fühlt sich in ausgezeichneter Weise wirksam, gesteigert, schätzt sich selbst wert, sieht angstlos in die Zukunft, geht gelassener um mit Vielem, was andrängt und herausfordert. Sie und er vertrauen auf sich und das eigene Leben-*Können*. Beides, Einsicht und Gefühl von Selbst-Habe bzw. Selbstwirksamkeit trägt sein Scherflein zu dem bei, was ich tiefe und dauerhafte Zufriedenheit mit dem ganzen Leben heiße (18).

Bertrand Russel bediente sich folgenden Bildes: Angenommen, man balanciert ausgesetzt auf einem Berggrad, rechts und links der gähnende Abgrund, dann wird man umso eher stürzen, je mehr Angst man fühlt. *"Dasselbe trifft auf die Lebensführung zu."* Das bedeutet im Umkehrschluss: Selbstvertrauen und Selbstwertschätzung, die sich aus der Wahrnehmung speisen, ein selbstbestimmtes Leben zu führen, helfen, so Russel, sich angstfrei im Leben zu bewegen.

Wenn ich beharrlich von einer Glücksgestalt als einer dauernden spreche: Was berechtigt mich denn zu dieser Redeweise? Die Tatsache, dass sich ihre Quellen zeitlich erstrecken! Weil die Fähigkeit der Selbstbestimmung keine ist, die heute ausbleibt und morgen wieder Einkehr hält, sondern auf dauerhaften Selbstkompetenzen beruht. Weil Selbstbestimmung überhaupt nur in einer zeitlichen Erstreckung möglich ist, in der sie sich herausgebildet und geformt hat, deshalb ist sie auch eine Zeiten übergreifende *Quelle* von Glück als einem auf Dauer gestellten Geschehen. Gleiches gilt vom inneren Wachstum.

Wer sich selbstbestimmt durchs Leben steuert, hat in seinem Bildungsprozess die Qualität eines Selbstseins erworben, die sich in *Glückserleben* „auszahlt". Erlaube mir eine etwas gewagte Analogie zur Veranschaulichung: Während wir in unserem Bestreben vordergründig auf Selbstbekanntschaft und Selbstbestimmung aus sein mögen – ähnlich wie das Laubblatt bei der Fotosynthese aus ist auf die Produktion von Traubenzucker, fällt hier wie da ein nicht unwichtiges *Nebenprodukt* ab. Bei den Pflanzen der Sauerstoff. Bei der Arbeit an uns selbst eine andere indirekte, Leben tragende, ja beglückende und deshalb nahrhafte Wirklichkeit: tiefe und anhaltende *Selbstbejahung*. Dann wäre die Selbstbestimmte unter uns jene, die ohne auf es abzuzielen, also *indirekt,* ihrem Lebensgelingen zugearbeitet hätte.

Wer sich selbst bekannt ist, der ist auch der zu sich selbst *befreite.* Wovon denn zu sich befreit? Aber ach, die Liste ist ja wieder einmal unendlich! Im Grundsätzlichen: Von all dem Vorgegebenen, aus dem wir wurden, was wir sind. Aus unzähligen Abhängigkeiten zur Welt, die uns hervorgebracht hat und nun beherbergt, Dingen wie Menschen. Jedenfalls können wir in Teilen von der *Welt* loskommen, die uns in ihre Fänge lockt, damit wir ihr Spiel spielen und nicht unseres. Wenn aber Selbstbestimmung gar nichts anderes ist als realisierte *Freiheit*, erworbene *Unabhängigkeit*, dann, ja dann wäre nachgewiesen, dass *Freiheitserfahrung* mit *Glückserfahrung* noch korreliert, jedenfalls einer Gestalt von Glück, deren Porträt hier versucht wird.

Wir können den mühsamen und heilsamen Eroberungszug zu uns selbst auch begreifen als einen Vorgang der *Individuation*. Leicht sehen wir ein, dass der innerlich wachsende, sich entfaltende und selbstbildende Mensch nicht nur der ist, der sich und die Welt kennt, sondern auch der im höchsten Maße *individuierte*. Menschen sind umso subjektiver und origineller, je mehr sie in der Lage sind, auf die Welt, aus der sie kommen, differenziert zu reagieren. Eben dazu ist der sich selbst Bekannte im besonderen Maß in der Lage.

Individualität, heute immer seltener anzutreffen, findet in Willhelm v. Humboldt ihren bedeutendsten Befürworter und Theoretiker: *„Die Bildung der Individualität"*, war er überzeugt, sei *„der höchste Zweck des Weltalls"*.

Sind wir Spätmoderne-Bewohner nicht berechtigt, in diesem furiosen Ausruf idealistischen Überschwangs etwas Wertvolles und Wünschenswertes mitzuhören, das auch heute hervorgebracht werden sollte? Freilich sind wir heute weit von der Auffassung entfernt, Sache von *Bildung* sei die umfassende Formung einer Persönlichkeit und nicht lediglich die Ausbildung und Zurichtung von jungen Menschen zu Zwecken des Marktes. Nach dem „*Adel ... einer freien Individualität*" ist die Nachfrage eingebrochen. Eher schon, scheint mir, blickt man mit Argusaugen auf sein Gehabe. Immerhin könnte es die gewünschten Nutzenkalküle einer Haushaltsführung stören, die einseitig auf Erfolg und ökonomische Steigerungsraten geeicht ist.

Oder man leugnet die Möglichkeit von Individualität einfach, wie es postmoderne Interpreten tun. Das geht auch. Individualität ist dann das unmöglich Andere von vorfindlichen sprachlichen, kulturellen und sozialen Strukturen und Mächten. Diese würden menschliches Leben gänzlich fremdbestimmen, so dass nur noch von kollektiven Handlungsmustern zu reden sachgerecht wäre und nicht mehr von gelebten individuellen. Man möchte das dann bitte aber auch auf sich selbst beziehen und nicht mehr ganz so ernst nehmen. Denn diese Auffassung wäre dann selbst bloße Widerspiegelung vorgegebener Denkmuster.

Halten wir fest: Der Weg zu Selbstbestimmung führt über Selbstbekanntschaft. Aus Selbstbestimmung kann dauerhafte Selbstbejahung entspringen. Dritter Ursprung eines Glücks, das ein Dauern ermöglicht.

Nun gestatte mir aber zu fragen: Ist Selbstbekanntschaft im Letzten auch die alleinige Bedingung eines selbstbestimmten Lebens? Es gibt Stimmen, die daran begründeten Zweifel äußern. Aber warum denn? Hören wir nur zu. Der Soziologe Hartmut Rosa meint, dass Menschen nur dann handlungs- und entscheidungsfähig seien in einem *umfassenden Sinne* – wohlgemerkt! –, „(...), *wenn sie wenigstens implizit über eine Antwort auf die Frage nach dem guten Leben verfügen, welche ihnen die Such- und die Vermeidungsrichtung in ihrer Lebensführung anzeigt*".

Die Frage nach dem *guten Leben,* sie lässt sich m. E. zweiteilen in die Frage nach dem *Sinn,* jene Frage, auf die alle anderen Fragen und alles menschliche Handeln rückbezogen ist (19), und die Frage nach dem Glück des Menschen, die Gegenstand des Nachdenkens sein kann. Mit anderen Worten: Indem wir uns gemeinsam an diesen großen Gegenständen versuchen, tragen wir einen gar nicht unwichtigen weiteren Baustein herbei, uns zu mehr Selbstbestimmung zu befähigen. Dieser liegt aber fernab des Biografisch-Persönlichen. Aber wo denn dann? Dort, wo wir uns gerade herumtreiben, auf dem Felde philosophischer Einsichten, gewonnen durch Anschauung und folgerichtiges Denken.

Jetzt aber möchte ich eine weitere Quelle eines Glücks sichtbar machen, das länger währt als Stunden oder Tage. Ich meine ein Gelingen, welches darin gründet, dass wir auch im *Einklang* stehen können mit uns selbst in möglichst vielen Dimensionen unserer *Persönlichkeit.*

Von der Übereinstimmung von dem, was wir sind, und dem, was wir sein wollen oder vom Tod des Cato Uticensis

„Ach, die Sehnsucht nach dem Anderen, der ich hätte sein können, zerreißt und erschreckt mich!", Fernando Pessoa

Als Einzelne unter Vielen sind wir jeweils eine unverwechselbare *Stimme* in der Welt. Dass wir sie gefunden haben im Chor all der anderen Stimmen, können wir *schätzen* lernen. Wir dürfen sie als ein Musikstück begreifen, an dem wir fortschreiben und weiter komponieren können. Oder auch als ein Muster von Handlungen und Entscheidungen, an dem wir weben, das die Gestalt unseres Lebens ist.

Zu dieser ganz eigenen Stimme kann beitragen, dass das, was wir sein wollen, unser Ideal-Selbst, und das Selbst, was wir sind, weitgehend übereinstimmen (20). Für Hans Krämer besteht in dieser qualitativen Beziehung zu sich selbst sogar *„die Glücksform"* schlechthin des Menschen. Ich hingegen reihe sie ein in die Gruppe der vier Quellen von Bejahung, die auch Jahre überdauern kann.

Wenn nahezu übereinstimmt, was ich bin, mit dem, was ich sein will, dann kann das auf vielerlei Wegen herbeigeführt sein. Wir begegnen Menschen, die sich früh und mutig entworfen haben als Grundschullehrer, Universitätsprofessorin oder Tierfilmer; als Geigenbauer oder Autoverkäuferin; als liebender Vater oder liebende Mutter von drei, einem oder sieben Kindern; als weltabgewandter Asket, Politiker oder Sportler. Die Beneidenswerten waren imstande, sich all die brauchbaren Eigenschaften, Fähigkeiten und Kenntnisse anzueignen, die sie für ihr Vorhaben benötigten. Und tatsächlich gelang ihnen, was sie von sich entworfen hatten. Sie stimmen mit sich überein, und auch von außen wurden sie auf ihrem Weg nicht ausgebremst. Das gibt es tatsächlich. Wir dürfen sie mit vollem Recht *Glückskinder* nennen, wenn ihnen so einfach gelang, was uns anderen doch so viel Mühe abverlangt.

Andere haben niemals einen Plan gehabt oder fassen ihn erst im fortgeschrittenen Alter. Denken wir nur an Menschen mit unklaren Lebensentwürfen, die eher schlafwandlerisch ins Leben aufbrechen. Oder stelle ihnen jene zur Seite, ob mit oder ohne Lebensplan, denen zwar einzelne Schritte gelingen. Aber dann geschieht etwas, ein Ereignis, das von außen hereinbricht, und es verändert ihr Leben völlig, und nun müssen sie sich neu begreifen und entwerfen lernen.

Aber beispielsweise beruflich fehlt die Kraft und das Geschick, Soll - und Ist-Zustand in Übereinstimmung zu bringen. Das gelingt ihnen aber in anderen Lebensbereichen, vielleicht in der Familie. Nun findet jemand seine Aufgabe in der Kindererziehung, der Pflege von Angehörigen oder im sozialen Engagement. Und insgesamt wird dann doch die Gestalt einer befriedigenden Annäherung von Entwurf-Selbst und faktischem Selbst sichtbar.

Es soll aber auch vorkommen, höre ich gelegentlich, dass sich Menschen mit sich selbst *überraschen*. Dann nämlich, wenn *nachträglich* klar wird, dass sich das, was man ist, und das, was man sein will, tatsächlich aufeinander zu bewegt haben. Nur, dass es lange nicht zu erkennen war. Erst im zeitlichen Abstand konnte die Einsicht wachsen. Die Eule der Minerva beginnt bekanntlich erst in der Dämmerung ihren Flug. Dann erweisen sich Wegstationen, die bisher unvereinbar schienen und disparate Fähigkeiten im Selbstbezug ausgebildet haben, als in das eigene Idealbild sehr wohl integrierbar.

Wenn ich von einer Annäherung des Ist- ans Soll-Ich rede, dann auch unter dem Aspekt anzustrebender *Authentizität*.

Dieser Begriff von mutstrotzender Strahlkraft spielte bei vielen existenzphilosophischen Denkern eine erhebliche Rolle (21). Nicht von Glück liest man in ihren Texten, sondern davon, dass eine oder einer sich die heroische Gestalt eines authentischen Lebens, in der Glut der einmaligen Selbstwahl geschmiedet, aneigne.

Worauf verweist Authentizität? Auf den einfachen Gegensatz von Sein und Schein.

Schein wäre die Maske, die ich mir aufsetze. Das Gelten wollen von etwas, was ich gar nicht bin. Das Täuschen der anderen und Vortäuschen von Falschem. Auch das Kopieren von anderen in Form und Inhalt gehört dazu. Dann verleugnet man sein Eigenes. Cicero stellt diesen Gedanken am Beispiel des Cato Uticensis und dessen Freitod drastisch dar: *„War denn Marcus Cato in einer anderen Lage als die anderen, die sich in Afrika Caesar ergaben? Und doch hätte man es den anderen vielleicht als Vergehen (vitium) angerechnet, wenn sie sich das Leben genommen hätten; und zwar deshalb, weil ihr Leben milder (lenior) und ihre Verhaltensweise lässiger (faciliores mores) waren. Da die Natur Cato mit unglaublichem Ernst (gravitas) ausgestattet, und er die Strenge mit beständiger Konsequenz verstärkt hatte und stets seinem Vorsatz und einer einmal getroffenen Entscheidung treu geblieben war, musste er eher sterben als den Anblick des Tyrannen ertragen".*

Der authentische Mensch: ich verstehe darunter den natürlichen und den unverstellten. Den, der sagt, was er denkt, und tut, was er sagt. Er oder sie, sie hängen ihr Fähnchen nicht in den Wind.

Stellen wir uns vor, jemand ist genötigt, eine neue berufliche Position übernehmen zu müssen. Er lässt sich darauf ein, und nun ist er konfrontiert mit veränderten Aufgaben und Erwartungen. Vielleicht solchen, sich gegenüber den Mitarbeiten in neuer Weise zu verhalten. Diese erfüllt er aber nicht.

Jemand ist beispielsweise nicht bereit, den ehemaligen Kollegen nun von oben herab zu begegnen, wie im Betrieb üblich in dieser Position. Oder man verweigert, mit Kenntnissen hinterm Berg zu halten, um die Belegschaft uninformiert zu lassen, um ein maximales Wissensgefälle zu bewahren. Jener Person gelingt es dennoch, gegen die Anfeindungen der neuen Positionsgleichen *seinen* Handlungsmaximen und Überzeugungen treu zu bleiben.

Wem dieses couragierte Meisterstück gelingt, den dürfen wir wohl zurecht einen authentischen Menschen nennen, und ich werde ihn zu meinem Vorbild wählen. Dieser Mensch ist seinen Überzeugungen treu geblieben, d.h. sich selbst.

In seinem Entlassungsgesuch an die Sektion für Kultus und Unterricht zu Berlin schrieb der Philosoph Johann Gottlieb Fichte 1812 nach vorausgegangenen Streitereien über die Freiheit der Meinungsäußerung im Amt, die sich aus einer Umbesetzung des obersten Behördenpersonals ergab: *„Nach den wandelnden Umständen die Maximen meines Handelns auch zu wandeln, und dennoch eine feste Einheit zu behalten, dazu fehlt es mir gänzlich am Talente"*.

Diese feste Einheit, die es zu behalten gilt oder die erst zu gewinnen ist, möchte ich anschaulich machen. Des Philosophen Selbstachtung gebot ihm, ganz unfähig zu sein, sich den neuen Umständen dergestalt anzupassen, dass er die Treue zu sich selbst dem Verbleiben im Amt opferte. In solchem Handeln erkennen wir Frauen und Männer, denen wir ein Höchstmaß an Glaubwürdigkeit und Redlichkeit zusprechen, weil sie sich auch durch große Widerstände nicht in ihrem Selbstsein korrumpieren ließen.

Wem also gelingt, der zu sein, der man sein will, auch gegen die Widerstände, die in der Welt liegen, und jenen in ihm selbst, der wird darin eine Quelle tiefer Bejahung finden. Wem gelingt, annähernd mit sich übereinzustimmen, dem gelingt, eigenes *Wollen* und *Wirken* in Gleichschritt zu bringen und er wird belohnt mit tiefer und dauerhafter *Selbstbejahung*.

Ein anderes wäre es, wenn ich mein Wirken mit meinem Wünschen angleichen wollte. Das erscheint unmöglich. Denn Wünsche sind grenzenlos. Sie können alles Realistische überfliegen, und sie tun es in der Regel auch. Unser wirkliches Wollen ist ja vom Umfang weit kleiner als unser Wünschen. Die Sentenz „wunschlos glücklich sein" beschreibt deshalb tendenziell eine schlechte Utopie, weil eine menschliche Unmöglichkeit.

Dauerhafte Bejahung kann niemals in der Übereinstimmung zwischen Wünschen und Wirken liegen, denn diese Übereinstimmung kommt in menschlichen Verhältnissen gar nicht vor. Hingegen: Was ich wirklich will, das versuche ich auch zu realisieren, d.h. setze ich handelnd in Wirkung um.

Ferner sollten wir die Tatsache bedenken, dass unsere Wünsche und Bedürfnisse häufig genug *widerstreiten.* Dass wir chronisch unzufrieden werden, wenn wir konkurrierende Wünsche nicht in eine ordnende Reihenfolge bringen. Diese Erfahrung werden die meisten von uns gemacht haben. Hier hilft die Fähigkeit, sich bekannt zu sein. Sie erleichtert es uns, eine Rangfolge unserer Bedürfnisse aufzustellen. Disharmonie, Nicht-Übereinstimmung einer Person mit sich entsteht, wenn das nicht gelingt. Nicht von ungefähr erhebt Seneca (22) die Fähigkeit, in Übereinstimmung mit sich leben zu können, zu einem weiteren Merkmal des Weisen. Dazu gehört, wie gesagt, auch das Wissen um unsere *Grenzen*. Wo wir diese überschreiten wollen und daran *schmerzlich* scheitern, streben wir letztlich einem verfehlten Selbstentwurf nach.

Fassen wir zusammen:

Ich habe vier *Ursprünge* eines Selbstgefühls dauerhafter und tiefer *Selbstbejahung* beschrieben. Es kennzeichnen sie zwei wesentliche *Merkmale*.

Erstens handelt es sich dabei um *dauerhafte Prozesse* des *Selbstbezugs*. Sie kommen nicht kurzfristig in uns vor. Die zeitliche Dauer ist ihnen wesentlich. Uns kann heute eine Selbstbeherrschung gelingen und morgen ein Wortscharmützel mit unserem bornierten Kollegen. Aber diese positiven Selbst- und Weltbeziehungen bleiben in ihrer Wirkung flüchtig und kurz, wenn sie sich nicht als dauerhafte Erfahrung etablieren.

Zweitens handelt es sich nicht nur um fragmentarisch gelingende Selbstbezüge, sondern um solche, die den ganzen Menschen durchgreifen, d.h. den *Kernbereich* seines Selbstes. Dass ich einen Satz im Tischtennisspiel gewinne oder mir eine Reparatur am Rasenmäher gelingt, mag mich jeweils froh stimmen. Aber es betrifft den Kernbestand meines Seins nicht.

Die beschriebenen Quellen von Selbstbejahung mögen *ergänzungsbedürftig* sein. Ich konnte nur zu Papier bringen, was ich anschaue. Dennoch vermute ich, dass keine von ihnen fehlen darf, um *nachhaltig* und *verlässlich aus sich Bejahung* zu keltern. Verstehen wir dies Keltern aber nicht im Sinne eines Herstellens, das hübsch zu planen wäre. Das ist es mitnichten. Wir sollten niemals aus den Augen verlieren: Um in ein Glück zu gelangen, das andauert, tut man gut daran, *nicht nach ihm zu streben*. Glück, wie ich es vorschlage zu verstehen, ist Resultat von Vollzügen, die nicht auf es abzielen. Wer sein

Glück auf Teufel komm raus begehrt, der wird sich von ihm, statt ihm näher zu kommen, nur entfernen und Unglück ernten. Kurz um: Wer sein Glück erzwingen will, dem entzieht es sich. Vielleicht sollten wir davon reden, dass wir uns durch eine List ihm befähigen. Und diese List bestünde darin, unsere Selbst- und Weltbezüge, die wir *sind,* durch eine klug gewählte Lebensführung zu *kultivieren.*

Glück als tiefe und dauerhafte Zufriedenheit mit dem ganzen Leben

Ich sträube mich nicht einzuräumen, dass Glück eine *hochkomplexe,* vielleicht *überkomplexe* Wirklichkeit sei. Wer sich mit ihm abplagt, sollte vielleicht bescheiden sagen, was ich beschreibe und begreife, sind Phänomene, an denen sich Glück „zeigt". Es ganz zu erfassen, ermangelt mir wohl der Mittel.

Vielmehr scheint es, dass wir durch einen Schleier von Vorstellungen, Interessen und subjektiven Wahrnehmungen hindurch reale Gestalten sichtbar zu machen und sie in den Begriff zu heben versuchen.

Das vorausgesetzt, und nachdem ich vier Quellen dauerhaften Selbstbejahens anschaulich gemacht habe, präzisiere ich jetzt, was ich *vorschlage,* unter einem Glück zu verstehen, welches andauern kann und dennoch von dieser Erde ist. Ich gebe diesem Glück auch einen Namen. Er lautet *Lebensglück.* Ich hoffe, dass es mir gelingt zu zeigen, dass Lebensglück alle anderen „Glücke" zu *integrieren* vermag und sie deshalb überragt.

Wir konnten sehen: Im Lebensglück bejahen sich Menschen nicht nur fragmentarisch und ab und zu, d.h. nur mit einem Bruchteil ihrer Eigenschaften und Möglichkeiten, sondern sie tun dies *aus sich* heraus ganz umfassend in einer befreundeten Haltung zu sich selbst. Deshalb ist es sachgemäß, es als eine *tiefe* und *dauerhafte Zufriedenheit* mit dem ganzen Leben (23) zu begreifen. Als ein Daseinserleben, das viele andere Gefühle und Zustände (auch negative) *färbt* und gewissermaßen *trägt.*

Lebensglück ist mehr als ein punktuelles Wohl*fühlen.* Es ist Frucht eines Wohl*denkens* wie eines Wohl*tuns,* d.h. Resultat einer aspektreichen Lebens*aktivität.* Dabei wäre das Fühlen Ergebnis und Ausdruck dessen, was sich im Wohldenken und Wohltun, als den selbstinneren, Glück konstituierenden Prozessen, ereignet.

Der Philosoph Robert Nozick (24) hat folgendes Gedankenexperiment ersonnen. Angenommen, es gäbe eine Maschine, an der angeschlossen – und zugleich vom Leben abgeschnitten! – wir nur noch angenehme Gefühle hätten: würden wir uns anschließen lassen? Nozick verneint das. Er ist der Auffassung, dass Menschen bloßes Wohlfühlen gar nicht suchten. Vielmehr strebten sie nach einem Wohlfühlen, das auf gelingende Bezüge zu sich und der Welt zurückgehe, einem möglichst autonomen Leben und erfüllenden Tätigkeiten entspringend. Glück, konstatiert Nozick, sei deshalb niemals nur Wohl*fühlen.*

Das Wort Wohl*tun* referiert dabei auf die Ursprünge, aus denen dies Glück entspringt. Es sind Lebensvollzüge, die innere Bewegtheit eines Menschen, dem sein Dasein in hohem Maße *gelingt.* Wir können lernen, sie wahrzunehmen und sie sozusagen in uns in positive Resonanz zu versetzen. Diese Vollzüge werden schließlich begleitet, getragen und stabilisiert durch positive Urteile und *Wertungen,* die Menschen im Selbstbezug über sich selbst entwickelt haben. Das meint die intellektuelle Komponente des Wohl*denkens,* ohne die Lebensglück nicht möglich scheint.

Zu klären ist außerdem, *wie* und *was* im Lebensglück tatsächlich *gefühlt* wird. Wenn richtig ist, dass Gefühle flüchtig sind, und dennoch zutreffend von einem dauerhaften Glück die Rede sein soll, dann müsste eine Gestalt von Gefühlen nachgewiesen werden, denen die Eigenschaft der Flüchtigkeit weitgehend abgeht. Dem Nachweis dieses scheinbar hölzernen Eisens widme ich mich im Abschnitt „Gefühle fallen nicht wie das Manna vom Himmel".

Ich zähle noch einmal jene *Ursprünge* von Lebensglück auf, die ich beschrieben habe: den Vorgang des *Selbstwachstums,* das Vertiefen, Steigern und Erweitern unserer Selbst- und Weltverhältnisse; die *Wahrnehmung* unseres ganzen Lebens als einer gelingenden *Einheit,* eines gelingenden Lebenszusammenhangs; *Selbstbestimmung* und *Selbstwirksamkeit* als mögliches Resultat von Selbstbekanntschaft; schließlich die ungefähre *Übereinstimmung* von faktischem Selbst und seinem Selbst-Ideal (25).

Lebensglück, schlage ich vor, sei *tiefes* Selbst- und Welt*vertrauen,* generiert aus uns selbst. Ein bejahendes Wahrnehmen unseres Eingesenktseins in den Lebensstrom. In ihm drückt sich das Erleben aus, da sein zu *dürfen* und da sein zu *wollen,* weil dies Dasein als lebendiges und selbstbezügliches *gelingt.* In ihm nimmt sich ein Mensch wahr, der sich dazu *befähigt* –

um es mit Nietzsche zu sagen –, „*nach sich Hunger und Durst (zu) spüren und aus sich Sattheit und Fülle (zu) nehmen*" (26)(27).

4. Von Resultaten und Schlussfolgerungen

Von der Möglichkeit, *im* Glück zu *sein* und zugleich *von* ihm zu *wissen*

Erinnern wir uns: Sowohl in der Wahrnehmung einer klingenden Einheit unseres Lebensganzen als auch bei der Annäherung von faktischem Ich und Entwurfs-Ich war eine *Selbstbewertung* beteiligt, eine explizite Zustimmung zum eigenen Leben, die es verdient, noch näher betrachtet zu werden.

Goethe schrieb in seinem achtzigsten Jahr an den Freund Zelter: dass *„er glücklich ist und sich wünscht, sein Leben ein zweites Mal durchleben zu können"* – ich ergänze sinngemäß: so wie es war.

In der Rückschau also, heißt das, bewertete Goethe sein Leben als gelungen und deshalb wert, wiederholt zu werden. Können wir daraus ableiten, dass derjenige wahrhaft glücklich zu nennen ist, der mit niemandem sein Leben tauschen möchte? Weshalb sollte er es denn wollen?

Worauf ich hinaus will: Wer dauerhaftes Glück erlebt, *fühlt* nicht nur etwas, und wir wissen noch gar nicht, was genau – dazu der nächste Abschnitt –, sondern *beurteilt* auch das positiv, womit er glücklich ist. Das ist eine wichtige Feststellung.

Da ist also Empfinden von Lebensbejahung und zugleich das Ermessen ihres Wertes. Darum geht es. Und insofern Lebensglück ein bewertetes und also reflektiertes ist, ist es auch ein *begründetes,* d.h. der Mensch kann es sich gegenüber ausweisen! Er weiß warum. Goethes Satz, er würde sein Leben noch einmal leben wollen, wie es war, ist ein Gedanke, der ein zusammenfassendes *Werturteil* enthält, dass er seinem Leben gegenüber abgibt.

Nun wissen wir aus Erfahrung: Menschen deuten und bewerten sich auf allen Ebenen ihres Lebens, in sozialer, moralischer, ästhetischer, religiöser, körperlicher oder ökonomischer Hinsicht. Bewertungsgrundlage sind jene Idealkonzepte, die wir selbst gebildet oder von anderen übernommen haben. Hartmut Rosa (1) unterscheidet schwache von starken *Wertungen*. *Schwache* beinhalten, was wir jederzeit tun wollen und begehren, weil es unmittelbar *angenehm* für uns ist. *Starke Wertungen* betreffen das von uns Beurteilte, was wichtig oder wert ist, getan zu werden, weil es *für uns wesentlich* ist.

Im Lebensglück, das wird nun deutlich, befinden wir uns tatsächlich in relativer *Übereinstimmung* mit unseren starken Wertungen. Diese Übereinstimmung spiegelt die Qualität gelingender Selbst- und Weltbeziehungen, die wir *sind*.

Wie sehr Glücklichsein und umgekehrt Unglücklichsein, das man sich zuspricht, durch unsere *Bewertungen* von uns selbst geprägt sind, verdeutlicht eine Äußerung Adornos in Form einer Probe aufs Glück: *„Ob einer glücklich ist, kann er dem Winde anhören. Dieser mahnt den Unglücklichen an die Zerbrechlichkeit seines Hauses und jagt ihn aus leichtem Schlaf und heftigem Traum. Dem Glücklichen singt er das Lied seines Geborgenseins: sein wütendes Pfeifen meldet, dass er keine Macht mehr hat über ihn"*. Dasselbe Naturereignis jagt dem einen Angst ein. Dem anderen bestätigt es nur dessen Glück und Stärke: Folge unterschiedlicher *Selbstbewertungen*.

Maurice Maeterlinck äußerte irgendwo – ich zitiere aus dem Gedächtnis: Glück sei vom Unglück nur durch einen hohen, unermüdlichen und mutigen Gedanken getrennt. Dieser Satz unterschlägt zwar die Komplexität menschlicher Verfasstheit. Außerdem verherrlicht er die Kraft des Denkens in stoischer Manier; dennoch enthält er etwas Wahres.

Was könnte ein solcher Gedanke wohl beinhalten? Vielleicht jene positive, reflektierte Bewertung unseres Lebens, wenn es auch Brüche und Krisen die Masse aufweisen sollte: entscheidend ist unsere *positive Stellungnahme* dazu.

Denken wir nur an die Bewertungsalternative, ob das Glas unseres Lebens halb voll oder halb leer ist? Diese scheinbar triviale bewertende Haltung, hinter der womöglich jener hohe und unermüdliche Gedanke steht, von dem Maeterlinck spricht: er hat erhebliche Folgen auf unser gegenwärtiges Leben. Auf das, was ich morgen und übermorgen zu tun gedenke, was ich mir zutraue oder eben nicht zutraue.

Im Umfeld von Überlegungen, die dem *Kognitiven* im Glücke nachdenken, gehört eine weitere Frage, die mitunter in der Literatur über Glück aufgeworfen wird. Ob nämlich das Bewusstsein, das Wissen oder die Einsicht des eigenen Glücks für es notwendig, förderlich oder umgekehrt gar abträglich sei? Wie immer gilt: es kommt darauf an, was wir unter Glück verstehen. Überall dort, wo wir Glück einen ausschließlich sinnlichen Ursprung unterschieben, bei Bewusstseinszuständen, die weitgehend „vorreflexiv" sind, werden Menschen keinen Gedanken nötig haben, der ihnen ihr Wohlfühlen ermöglicht. Eher schon, dass sie sich denkend der Intensität von Unmittelbarkeit beraubten. Deshalb argumentiert man: Selbstreflexion sei dem Glücke bitteres Gift. Wer nachdenke, verliere es augenblicklich. Was ist dieser Auffassung zu entgegnen? Dass sie von einem unterbestimmten Glücksbegriff ausgeht. Einem Begriff, der nur den sinnlichen Ursprung gelten lässt.

Wer behauptet, dass nur eines gehe, entweder Fühlen, Unmittelbarkeit, SEIN oder Gedanke, Einsicht, Wissen, Deutung, SINN, zieht sich in alte Kampfgräben zurück. Denken und aktive Selbstbezüglichkeit tragen zu einem erfüllten Leben bei. Tatsächlich dürfen wir mit Nachdruck darauf beharren: Der bewertende Gedanke, das Urteil über mein Leben, die aktive Selbstreflexion wirkt Lebensglück fördernd, wenn er positiv ausfällt. Die *Einsicht, warum* es mir gut geht, stärkt mein Wohlbefinden. Selbstbekanntschaft und die Einsicht in die Qualität meiner Selbst- und Weltbezüge sind Wege zum Glück, nicht sein Gegenspieler.

Lebensglückliche *wissen* von ihrem Glück und woraus es ihnen quillt. Tiefe und dauerhafte Zufriedenheit mit dem Lebensganzen ist *reflexiver* Natur, denn es ist Folge einer Bewertung, die eine zeitlich-biografische und selbstbezügliche Dimension aufweist. Mit anderen Worten: Im Lebensglück ist die Zufriedenheit *im* Glück, das ich gerade erlebe, von der Zufriedenheit *über* das Glück, dessen ich mir bewusst bin, nicht nur nicht zu trennen: Sie steigern sich gegenseitig. Das heißt aber nicht, dass die Lebensglücklichen dauernd über ihr Glück nachdächten. Mutmaßlich denken unglückliche Menschen über ihr Unglück mehr nach als es Glückliche über ihr Glück. (Siehe das Motto von Walser.)

Auch lässt sich sagen: Das Bewusstsein von Lebensglück fördert dauerhaft die Befähigung zum Lebensglück! Damit wäre ein weiterer Aspekt dieser Bejahungsgestalt in den Blick genommen: das Moment einer *Selbstverstärkung.*

Das heißt hinwiederum nicht, dass man immer glücklicher würde. Glück hat nichts Mengenmäßiges oder Anhäufbares an sich. Aber es kann die Fähigkeit, im Glück zu bleiben, stärken

– selbst im Trommelfeuer anhaltender Überforderung oder gar dann, wenn eine Lebenskrise nicht mehr zu vermeiden ist (dazu später der Abschnitt „Von der Kraft des Positiven im Negativen").

Die Frage, ob wir wissen können, dass wir glücklich sind, findet in der Unterscheidung von Bejahungsformen eine differenzierende Antwort. Wenn Seneca behauptet: *„Derjenige ist nicht glücklich, der sich nicht für glücklich hält"*, und so die These formuliert: Im Glück sein und es wissen gehöre zusammen, dann spricht er sich über ein Glück ausdauernder Strahlkraft aus. Die gegensätzliche These: Nur der sei glücklich, der es nicht wisse, weil jedes Denken das Fühlen abschneide, scheint hingegen eine Gestalt des Wohlerlebens zu meinen, die sich den Sinnen verdankt. Gern erinnere ich an das Sprichwort: Glück ist wie ein Regenbogen. Man sieht ihn nicht über dem eigenen Haus, nur über dem fremden. Es versteht Glück ganz unbewusst, unreflektiert und greift deshalb an seinem inneren Reichtum vorbei.

Schließlich sei hier die immer häufiger diskutierte Frage erwähnt, ob andere Tiere *glücklich* sein können? Zuweilen kaufe ich Eier von Hühnern, denen man in großen Lettern die Eigenschaft „glücklich" unterschiebt. Sie dürfen im Freiland picken. Dass ihnen das gut bekommt, stelle ich nicht in Abrede.

Lebensglückliche Hühner scheinen mir dennoch aus dem Märchenland zu stammen. Ihnen fehlen Denk- und Urteilsvermögen und der Selbstbezug als den Bedingungen von Glück. Aber dieser Mangel hat auch ein Gutes. So können sie nicht an sich verzweifeln, wie unser einer, der durch den Sprung vom Hochhaus einen Schlussstrich ziehen kann. Dass unsere Mit-Tiere zu intensiven Gefühlen fähig sind, daran zweifle ich nicht. Das leitet zum nächsten Abschnitt über.

Gefühle fallen nicht wie das Manna vom Himmel

Wer ein irdisches Glücklichsein behauptet, welches dauerhaft sei, setzt sich dem *Einwand* aus, von etwas ähnlich Wunderbaren zu sprechen wie vom Lebensglück der Hühner. Aus der Erfahrung, dass Gefühle kommen und gehen, leitet man folgerichtig zweierlei ab:

Erstens die Unmöglichkeit dauerhaften Glücks. Denn Glück sei ja nichts anderes als ein *gefühlsmäßiger Zustand.*

Und zweitens: Spätestens in schweren Zeiten erginge es dem Glück wie den letzten Schneeresten im Frühling: es macht sich davon.

Wie mit diesen Einwänden umgehen? Aber wir verfügen doch längst über die Mittel, ihnen zu begegnen!

Wir hatten einsehen, dass zum Lebensglück verschiedene Momente *konstitutiv* gehören. Lebensglück, stellten wir fest, sei *erstens* ein Zeiten überdauerndes, weil es sich aus Ursprüngen speist, die selbst *dauerhaft* sind. In ihnen, sahen wir, bauen Menschen Lebenskompetenzen und Selbstvertrauen in der Welt auf. *Zweites*, entdeckten wir, kennzeichnet Lebensglück eine relative Abstandnahme von dem, was gegenwärtig geschieht. Das ermöglicht die Fähigkeit, ans Unmittelbare nicht mehr ausgeliefert zu sein. Ferner erleichtert es, Handlungsalternativen zu suchen oder Notsituationen ohne Linderung auszuhalten. *Drittens,* erinnere ich, beruht es in hohem Maße auf einem gedanklichen Werturteil über das Ganze unseres

Lebens. Neben das Wohlfühlen tritt ein Wohl*denken* und Wohl*bewerten*, eine intellektuelle Anstrengung im Selbstbezug. Auf dieser Ebene von Einsicht und Besinnung findet das unmittelbare Fühlen Entlastung und Stärkung zugleich. Außerdem gelingt hier der Aufbau von Maßstäben, die Halt und Sicherheit bieten auch in schweren Zeiten. Diese erworbenen Kompetenzen, konnten wir einsehen, sind die Bedingungen der Dauerhaftigkeit von Lebensglück.

Weil jenes Glück nicht fest gebunden ist an das Bereitliegen von aktuellen Anlässen für angenehme Gefühle und *weil* es nicht durch einige wenige Phasen von Überforderung oder körperliche bzw. psychische Leiden unmittelbar erdrosselt wird, kann es dauerhaft sein.

Aber ich möchte mich damit noch nicht zufrieden geben. Deshalb schlage ich vor, beide Feststellungen in kritischer Weise unter die Lupe zu nehmen, indem wir fragen: Erstens: Können wir reale emotionale Zustände von Positivität dingfest machen, die lange Zeiten währen? Sind sie nachzuweisen? Zweitens: Kann Lebensglück Krisen überdauern, und das heißt: hat es die Kraft, Unglück zu integrieren?

Zum ersten Punkt. Ich beginne mit einer Vermutung. Wäre es nicht denkbar, dass wir gar nicht vom „Gefühl" des Lebensglücks reden und uns stattdessen eines anderen, womöglich genaueren Begriffs bedienen sollten, wenn er uns denn zur Verfügung stünde?

Um diese Frage zu beantworten, werde ich nun einige Spielarten von positiven oder bejahenden Zuständen unterscheiden. Fragen wir aber zunächst grundsätzlich, was unseren *Gefühlen* zugrunde liegt?

Das Vergnügen, ein gutes Essen zu genießen, geht zurück auf unsere Geschmacks*eindrücke*. Wir sind be*eindruckt* von einem Bergpanorama, wenn wir uns unserem Sehsinn hingeben. Und die Freude, die uns erfüllt, wenn wir ein Buch lesen, beruht auf nichts anderem als den Gedanken und Vorstellungen, die die Lektüre in uns hervorruft.

Es seien also *Eindrücke,* sinnliche wie kognitive, die unseren Emotionen zum Grunde liegen. Solche, die von außen, aus der stofflichen Welt, von innen, aus unserer Leiblichkeit, und dem, was wir in unserem Selbstbezug vorstellen, herrühren. Das ist nicht neu. Gefühle folgen auf Eindrücke und begleiten sie in vielerlei Art und Weise. Dieser begleitende Charakter kann präzisiert werden.

Gefühle erschließen unsere Selbst- und Weltbezüge. Sie *informieren* uns, wie es um uns und unser Verhältnis zu Sachen und Menschen steht und *bewerten* sie zugleich. In der Regel sind wir ihnen *„ausgeliefert (...), in dem Sinn, dass man sich mit ihnen zu beschäftigen hat, ob man will oder nicht"*. Zorn überkommt uns. Trauer steigt in uns auf. Das Schwebend-Leichte und Sorglose, das ich nach zwei Gläsern Wein verspüre, erfüllt mich verlässlich.

Fragen wir nun, wie wir uns in Betreff eines *Urteils* verhalten *können,* das wir selbst fällen? Auch eines folgerichtigen. Wir sind in der Lage, ihm gewissermaßen auszuweichen, in dem wir es in seiner Bedeutung für uns einfach nicht anerkennen. Das tun wir sogar allzu oft. Im Gefühl hingegen erleben wir etwas *unmittelbar* als wichtig für uns, ganz gleich, ob es sich um etwas Zuträgliches oder Abträgliches für uns handelt. Dennoch sind wir unseren Gefühlen nicht machtlos ausgeliefert.

Denn wir können zu ihnen *Stellung nehmen,* auf sie reflektieren und wirken.

Überdies sind unsere Bewusstseinszustände höchst *komplex,* und in dieser Komplexität ist der Unterschied von angenehmen und unangenehmen Gefühlen nur einer von vielen eines *Ganzen,* dessen Bestandteile jedenfalls im Bewusstsein nicht getrennt wahrgenommen werden. Verweilen wir kurz bei der *Komplexität* von Gefühlen.

Selten gibt es, wenn ich so sagen darf, reine Gefühle. In einem Bewusstseinszustand, den wir positiv empfinden, mögen beispielsweise zugleich Bestrebungen eingewoben sein, den Zustand aufrecht zu erhalten oder sich umgekehrt dessen zu entledigen, was das Erleben stört.

Denken wir uns folgende Situation: Wir befinden uns in geselliger Runde, sind ausgelassen, aber unsere Scherze treffen einige Personen. Die Grenze zur Verletzung könnte überschritten sein. Dennoch fühlen wir uns in unserem Übermut wohl. Ebenso mögen weitere Eindrücke und auch Vorstellungen und Gedanken in das wohlige Gefühl hinein spielen.

Zur Komplexität gehört auch die Tatsache, dass wir gleichzeitig von einer Unzahl von Eindrücken aus der Außenwelt und aus unserem Leib überflutet werden. Empfindungen, Gefühle, Vorstellungen und Gedanken zuhauf bevölkern unseren Bewusstseinsstrom. Wir kennen das alle.

Das angenehme Gefühl beim Lesen eines Buchs verdanke ich mutmaßlich auch den Voraussetzungen, dass ich ausgeruht bin, mich nicht Hunger und Durst plagen, äußere ablenkende Reize ausbleiben oder Sorgen, die sich diesmal andere menschliche Opfer suchen.

Wer wollte, könnte sich außerdem damit auseinandersetzen, dass die resultierenden Gefühle aus gegebenen Reizen nicht nur charakterlich je individuell schwanken, sondern auch je nach Lage der Dinge, die uns gerade umgeben und beschäftigen. Kurz, sie sind situationsabhängig. Bei Empfang einer schlechten Nachricht, mag auch das schmackhafteste Essen nicht das Vergnügen bereiten, das sonst zu erwarten wäre.

Und noch immer ist die Komplexität unserer Gefühlswelt nicht ausbuchstabiert. So ist auf die Tatsache zu verweisen, dass sich zur direkten gefühlsmäßigen Funktion bestimmter Reize gern auch indirekte hinzugesellen.

Bleiben wir beim Beispiel des Buchlesens. Da sitzt du also im Lesesessel. Du fühlst dich darin der Welt entrückt. Wenn du einen Moment innehältst, um eine besonders gelungene Stelle zu würdigen, spaziert dein Blick durch den Garten. Das alles entspannt nicht nur deine Muskeln und erhöht dein Wohlbefinden. Du gleitest nun in einen Tagtraum. Du lässt das zu. Vielleicht meldet sich eine Hoffnung in die Zukunft, die mögliche Erfüllung eines Projekts. Du schwelgst in Erwartungsfreude. Was du nun wahrnimmst, überflügelt das Gefühlte, das sich dem Buchinhalt und dem Gartenblick verdankt, bei weitem und hat damit überdies gar nichts zu tun.

Aber es geht auch andersherum. In dein Behagen beim Buchlesen im Sessel schleicht sich der unangenehme Einwand, doch noch die Hausarbeit erledigen zu müssen, und so wirst du dich tatsächlich davon überzeugen, dass die angenehme Ruhe nun vorbei sein müsse.

Schließlich haben nicht nur gegenwärtige Reize und Vorstellungen, die ins Künftige vorstoßen, Einfluss auf unser Gefühlsleben, sondern auch vergangene, an die wir uns erinnern können, ausgelöst vielleicht durch einen Geruch, der uns plötzlich in eine andere Zeit versetzt. Denken wir nur an die wohl berühmteste Geruchserinnerung in der Literaturgeschichte. An jenes Frühstücksgebäck, eine in Tee getauchte, dem jungen Proust in Combray gereichte Madeleine (in Prousts Romanzyklus „Suche nach der verlorenen Zeit"). Ihr erinnerter Geruch ist Bruchstück eines vieltausendseitigen Erinnerungswerks hinein in die Kindheit seines Erzählers.

So tragen wir also eine gewisse Ahnung von der Komplexität unserer Gefühlswelt mit in die folgenden Erörterungen, eine Ahnung von der gegenseitigen Durchdringung und wechselseitigen Beeinflussung der einzelnen Elemente in unserem jeweiligen Bewusstseinshaushalt. Mehr wollte ich mit dieser kleinen Skizze bis hier her gar nicht erreichen.

An dieser Stelle möchte ich in Übereinstimmung mit einer reichen Literatur den Unterschied zwischen zwei emotionalen Phänomenen einführen: Empfindungen der *Lust* einerseits und Gefühlen der *Freude* andererseits. Sehen wir uns das näher an.

Unschwer lassen sich vier Merkmale zur Kennzeichnung von Lustempfindungen aufzählen. Zuallererst haben wir sie als die legitimen Kinder unserer Sinne zu begreifen. Bekanntlich fünf an der Zahl. Wer seine Sinne positiv zu stimulieren weiß, den erfüllt Lust als Folge und Begleitung seiner Aktivität. Lust, wissen wir alle, verweist auf unsere Sinnlichkeit.

Zweitens sind Lustwahrnehmungen stets *intentional* ausgerichtet. Man bringt mit diesem Begriff zum Ausdruck, dass sie sich auf einen konkreten, sie auslösenden Reiz oder Gegenstand beziehen: den herbeigesehnten zärtlichen Hautkontakt, die Klaviermusik am Abend, das üppige Mittagsmahl, den tiefrot funkelnden Wein im Glas (2).

Ein *drittes* Merkmal ist ihre zeitliche Begrenztheit. Lustempfindungen sind so flüchtig wie das Sich-Berühren in der Straßenbahn. Sie sind von geringer Dauer. Wir erleben sie in zeitlicher Erstreckung von Sekunden und Minuten. Könner berichten von gemessenen Stunden. Ihre Zeit*dimension* ist die Gegenwart.

Viertens können Empfindungen der Lust stets leicht in solche des Unangenehmen umkippen, dann nämlich, wenn zu viel des „Guten" genossen wurde.

Zuletzt verweise ich auf ein weiteres Paradox: Menschen können inmitten lustvoller Vergnügungen unglückliche Wesen sein! Dann nämlich, wenn nur auf der Selbst-Oberfläche Lust reizt, ohne jedoch die Tiefe des Kernselbstes zu erreichen.

Mit dem kursorisch Aufgezählten habe ich nichts Neues mitgeteilt. Ich habe lediglich an Bekanntes erinnert. Machen wir nun einen tastenden Schritt vorwärts.

Zu diesem Zweck erinnere dich bitte an das letzte Gespräch mit dem Freunde oder der Freundin. An den Austausch von Gedanken, die nichts mehr verschweigen. Den Einspruch des Freundes, der niemals verletzen, aber aufbauen will. Und an das Einverständnis im Grundsätzlichen, das schon so viele Jahre dauert. Erinnere dich bitte an das Gefühl zurück, das dich dabei erfüllte.

Oder vergleiche etwa die Art Gefühl beim Lesen eines klugen Buchs, das dein Denken befruchtet und Neues sichtbar macht, und das Vergnügen unter der abendlichen Dusche. Ganz nach Belieben.

Worauf ich hinaus will: Nun schaue ich nach Gefühlen aus, denen ein i.w.S. *intellektueller* Beitrag in Gestalt eines wertenden Gedankens zur Existenz verhilft. In der Literatur heißen sie

Freudegefühle (3). Ich finde, dass es sich lohnt, sie von Lustempfindungen oder Vergnügen zu unterscheiden.

Jedoch ist der Unterschied zu letzteren keine moderne Entdeckung. Diesen haben schon die Stoiker gemacht. Diogenes Laertius berichtet, sie, die Stoiker, hätten der Lust die Freude entgegensetzt, da letztere *„eine wohl begründete"* Gemütsverfassung sei.

Demgemäß stellt sich Freude ein, wenn auch unsere *starken Wertungen* im Spiel sind, *„wenn wir also überzeugt sind, in und mit unserem Tun oder Erfahren an etwas schlechthin Wichtigem teilzuhaben oder mit ihm in Berührung zu sein"*. Riefe es nicht Erstaunen hervor, wollte man das von dem guten Moment unter der Dusche ernstlich behaupten!

Wenn sich das mit der Freude also verhielte, dann würde Freude folglich auch auf *andere Weise* wie Lust in unserem Gefühlshaushalt wirken. Wie denn? Sie bejaht uns ganzheitlicher und tiefer, weniger fragmentarisch und oberflächlich wie Empfindungen der Lust. Freude wirkt dort positiv, wo wir uns im Ganzen unseres Selbstseins wahrnehmen. Freude setzt m.E. ein aufmerksames Selbstverhältnis voraus, ein bewusstes Bei-sich-sein, das in ein ausgezeichnetes bejahendes Gefühl überführt wird. Freude, meine ich, lässt in uns Saiten klingen – und das meint: Gefühle entstehen –, deren Tönen den *ganzen* Menschen erfasst.

Was die *Intensität* von Lustempfindungen und Freudegefühlen anbelangt, tendiere ich zu der Auffassung, erstere übertreffen letztere ganz natürlich zumeist und für gewöhnlich. Dabei verstehe ich unter *Intensität* nichts anderes als den *Grad* der *Erregbarkeit* unseres Leibes. Das schließt jedoch nicht aus, dass Menschen – durch Veranlagung oder Neigung – Freudegefühle intensiver erleben als Empfindungen der Lust.

Im Übrigen bitte ich darum, hier nicht päpstlicher als der Papst sein zu wollen. Eine jedesmalige scharfe Abgrenzung wird nicht gelingen. Hier spielen subjektive Wertungen eine ausschließliche Rolle. Deshalb sollten wir uns im Angesicht der Vielgestaltigkeit unserer Emotionalität angewöhnen, von Übergängen zwischen Lust und Freude zu sprechen und im Einzelnen auf eine klare Unterscheidung verzichten.

Bleiben noch zwei weitere Unterschiede, die eng aufeinander bezogen und – ganz erheblich sind. Der erste betrifft das zeitliche Erstrecken von Freudegefühlen. Sie scheinen weiter zu reichen als Lustempfindungen und Tage, Wochen, vielleicht Monate anhalten zu können. Denke dabei erneut an das abendfüllende Gespräch mit dem Freunde. Oder denke an das mit den Kindern, die längst woanders wohnen, in einer Stadt weit weg. Weshalb es seltener geworden ist, dies Miteinander-Sprechen, und deshalb umso kostbarer, wenn es noch immer gelingt.

Schließlich handelt es sich bei Freudegefühlen um solche, die sich von den üblichen intentionalen Objekten unserer Sinnlichkeit – etwa anderer Leute Haut, Nahrungsmittel ausgesuchter Güte oder Tonkunst aller Art – bereits *emanzipiert* haben. Das hat auch Gewicht. Ihr Gegenstand kann auch eine Vorstellung sein, ein Plan, der in die Zukunft reicht, eine Einsicht oder eine Idee, deren Durchdenken „gute Gefühle macht". Oft aber haben wir es in der Freude mit mehreren Objekten unterschiedlicher Seinsart zu tun, die sinnlichen und geistigen Genuss zusammenführen.

Worauf es mir ankam: Einzusehen, dass von den Lustvergnügungen (es gibt freudlose Vergnügen!!) zu den Freudegefühlen eine *Tendenz* zu beobachten ist. Auf diese Einsicht zielte ich ab. Diese Tendenz ist *dreifach:* Sie ist eine der zeitlich längeren Erstreckung, der werthaften Steigerung und der den ganzen Menschen ergreifenden Dimension.

Dennoch gilt für beide: Empfindungen der Lust und Gefühle der Freude klingen ab, sie sind flüchtig und haben keinen festen Bestand. Aber wonach suchen wir denn? Nach positiven inneren Zuständen, die sich länger „in" uns aufhalten als nur Wochen und Monate.

Bereits Epikur beschrieb ein solches dauerhaftes Wohlbefinden. Er nannte es *„katastematisches",* zuständliches, das er vom vorübergehenden Wohlfühlen, das aus der Reizung unserer Sinne hervorgeht, unterschied. Er meinte damit jene *Gemütsruhe,* die entsteht, wenn der Mensch sich ganz der Wahrnehmung des Gegenwärtigen hingibt. Diese Hingabe, das zeige ich im Anhang, ist keine, wie man Epikur nachsagte, der Sinnenerregung. Ganz im Gegenteil. Sie ist eine der Sinnenberuhigung. Epikur ging es tatsächlich um eine sehr elementare Stilllegung jeglicher Art von Unruhe, Sorge und Begierde.

Das Kennzeichnende einer solchen dauerhaften „Gefühlslage" sei nun, dass ihr in der Regel ein intentionales, konkretes Objekt fehle, von denen Lust und Freude allerdings abhingen. Stattdessen bezöge sie sich *„unbestimmt auf eine Ganzheit"* von etwas. Vielleicht hat man sich in diese Fühlweise sozusagen „eingelebt". Sie wäre etwas, *„worin man sich befindet".* Und dies Sich-Befinden wäre ein gewachsenes, ein gereiftes *Gestimmtsein,* das aufgrund seiner Ursprünge und seiner langen Entstehungszeit auch auf Dauer gestellt wäre (4).

Erlaube mir folgenden Vergleich: Je hochwertiger das Material eines akustischen Klaviers ist: Zarge, Stimmstock, Resonanzboden, Saiten, Hammerköpfe, Filze, Leder usw., desto besser hält es die „Stimmung", desto besser wehrt es „Verstimmung" ab. Das weiß jeder, der sich des Besitzes eines solchen Instrumentes stolz rühmen darf.

Ist es nun gestattet, diese Tatsache in Analogie zum Lebensglück zu denken? Zur Qualität der Selbstbeziehungen von Menschen, die zu tiefer und dauerhafter Zufriedenheit führt?

Im Lebensglück sein, das legt sich mir jedenfalls nahe, scheint einer bestimmten Weise des *Seins bei uns selbst* zu gleichen. Ihm entspricht ein inneres *Klingen*, das für uns ein *Unbegriffenes* ist, weil wir es für gewöhnlich nicht *anschauen* und also nicht *denken*.

Gern werden zwei Arten positiver Stimmungen unterschieden, die fröhlichen und die heiteren (5). Die fröhliche Stimmung erwächst zumeist aus dem Erleben von wiederholten Vergnügungen und Freuden. Aber sie kann wohl auch schon bei günstig veranlagten Menschen bloß durch gute Gesundheit hervorgerufen werden. *„Der Gesunde ist auch ohne Hochzeit fröhlich"*, sagt ein russisches Sprichwort.

Wie es zur Stimmung der Heiterkeit kommt, ist in der Literatur weniger klar. Sie hinge wesentlich ab von der Erfahrung der Freude, wie wir sie beschrieben haben. Aber ebenso bedeutsam seien hier dauerhafte Dispositionen des Menschen. Ferner gelingende Tätigkeiten und, was in unserem Zusammenhang wichtig ist, ein positiver Gesamtblick auf das eigene Leben. Laut Wilhelm Schmid sei sie gar eine *„geistige Haltung"* und damit allein durch Gedankenarbeit erzeugt.

Man bescheinigt den Stimmungen, sie könnten *ausstrahlen*, wie Wärme in schmerzende Glieder. Sie seien gewissermaßen *expansiv*, und indem sie dies tun, *färbten* sie unseren Gefühlsraum mit einem positiven *Grundton*.

Dann hätten sie, die positiven Stimmungen, die Funktion einer ganz allgemein bejahenden Haltung, die wir, wir wissen gar nicht wie, irgendwann erworben haben.

So kann es vorkommen, dass wir konkrete Geschehnisse ganz unterschiedlich, ja entgegengesetzt wahrnehmen, je nach dem, ob wir uns in einer heiteren Stimmung befinden oder in einer niederdrückenden. Das Maß, sich Sorgen zu machen über schlechte Nachrichten, kann je nach Stimmungslage groß oder klein sein.

Vielleicht erfassen wir tatsächlich mit dem Begriff Stimmung in der hier vorgeschlagenen Lesart die emotionale Erlebensweise lebensglücklicher Menschen am besten: Jene tiefe und dauerhafte Zufriedenheit also, die für einige wirklich und für viele andere möglich ist.

Dabei scheint mir das Erleben von Lebensglück einer heiteren Stimmung eher benachbart als der fröhlichen. Einem Humor, der nicht dauernd witzelt und scherzt, sondern fähig ist, das Unabänderliche oder Peinvolle leichter zu ertragen, indem er es mit einer Portion Gelassenheit zu nehmen weiß. Nicht von Ungefähr konstatiert Maeterlinck: *„Das Beste, was man im Glücke findet, ist die Gewissheit, dass es nichts ist, was berauscht, sondern etwas, das Nachdenken heißt".*

Maeterlinck verweist sehr zu Recht auf die Rolle der intellektuellen Bewertung im Lebensglück. Auch Kant weiß von solchen Gefühlen, die sich gedanklicher Anstrengung oder der Urteilskraft verdanken. Neben dem Gefühl des Erhabenen ist hier die *Achtung* vor dem Sittengesetz in uns zu nennen. Menschen fühlten sie, wenn sie gemäß des kategorischen Imperativs handelten. Das tun sie, wenn die Maxime ihres Tuns zugleich als Handlungsregel für alle taugt. Mit anderen Worten: Das Gefühl der Achtung entsteht, wenn sich der Mensch im vernünftigen Selbstbezug moralisch erlebt, d.h. seinen *Egoismus* überwindet.

Vielleicht trifft im Falle des Lebensglücks der paradoxe Begriff eines „Reflexionsgefühls" ins sachgerecht Schwarze, das noch wenig angeschaut und begriffen ist.

Mir scheint, dass wir mit unseren Überlegungen einer sehr wichtigen *Einsicht* auf der Spur sind. Sie lautet: Es gibt im menschlichen Gefühlshaushalt eine Skala der Herkünfte emotionalen Erlebens, die von unseren Sinnen, als dem einen Pol, bis hinauf zu unserem reflektierten Selbstbezug, dem anderen Pol, reicht. Wer lebensglücklich seine Tage verbringt, dem gelingt, aus beiden Herkunftspolen menschlicher Emotionalität Bejahung zu schöpfen, und dies nicht nur sporadisch, sondern dauerhaft.

Wilhelm Schmid bestätigt ein *„dauerhaftes"* und *„anhaltendes"* Gestimmt-sein. Und vielleicht meint Jean-Jacques Rousseau in den kurz vor seinem Tode verfassten *„Träumereien eines einsamen Spaziergängers"* etwas ähnliches wie das, wovon hier die Rede ist: *„Das Glück, das mein Herz vermisst, ist jedenfalls keine Reihung vieler flüchtiger Augenblicke, sondern ein einziger, aber fortwährender Zustand, der an sich nichts Ungestümes hat, dem jedoch eben seine Dauerhaftigkeit einen solchen Reiz verleiht, dass man letztlich die höchste Seligkeit darin findet"*. Was sich der gealterte und vereinsamte Denker wünschte, abzüglich freilich des überspannten Superlativs, scheint mir im Lebensglück wirklich.

Lebensglück gleicht keinen Gefühlsfeuerwerken. Eher schon einem Gefühlsstrom, der uns verlässlich trägt und bejaht und sich aus Quellen speist, deren Zufluss auf Dauer gestellt ist. Lebensglück gleicht überdies *keineswegs* schlecht zu lagernden Lebensmitteln, die sofort verzehrt werden und deshalb nur sporadisch auf den Tisch kommen sollten. Es ist von langlebiger Qualität. Fäulnis und Verderben greifen es nicht so schnell an. Es gleicht dem Eingemachten oder dem indianischen Pemmikan. Ihnen beiden eignet, gut konserviert zu sein. Schopenhauer, Freud und ihren Jüngern glich Glück dem leicht Verderblichen. Das darf als widerlegt abgetan werden.

Wir sind aber die Leiter menschlicher Emotionen noch nicht ganz bis nach oben hinaufgestiegen. Der Vollständigkeit halber möchte ich abschließend jene Ursprünge wenigstens erwähnen, die uns *höchste Daseinsbejahung* - hier und nur hier passt der Superlativ – bescheren, *Momente* größter Intensität von *Positivität*. Beispiele für ein so geartetes Erleben finden sich oft geschildert in religiösen Erfahrungen, im Schaffen und Wahrnehmen von Kunst und, nicht zuletzt, in der Liebesbeziehung.

Das Erleben von Lebensglück mag seinen Platz zwischen heiterer Stimmung und höchster Daseinsfreude finden. Es scheint mir ebenso tief empfunden werden zu können wie im Negativen die Angst vor dem eigenen Verlöschen.

Halten wir fest: Ich habe in erheblicher Eile eine Stufung positiver Gefühlsweisen vorgenommen. Sie begannen bei einfachen angenehmen Empfindungen der Lust und erstreckten sich über das Gefühl der Freude, die fröhliche und heitere Stimmung bis hinauf zur höchsten Daseinsfreude.

Lebensglück zeichnet gewiss eine komplexe Struktur aus. Diese versuchte ich zu beschreiben. Sie begründet eine menschenmögliche Emotionalität, die sich auch der intellektuellen Beurteilung und Einsicht in unser Leben verdankt und die sich als ein dauerhaftes Selbst-Fühlen über alle anderen Gefühle lagern kann. Mir scheint diese Einsicht wichtig. Wir rücken ein Glück, das sich über Zeiten erstrecken kann, somit aus der Nachbarschaft von Lustempfindungen. Tatsächlich speist es sich aus ganz anderen Quellen.

Vor allem: Es bedeutet nicht, dass einem immer die Sonne lacht! Dass einem alles nach Wunsch und Willen von der Hand geht. Heißt nicht, dass dem Leiden und dem Schmerz und dem Misslingen die Eingänge verriegelt sind. Wir sollten uns dauerhafte und tiefe Zufriedenheit nicht vorstellen als eine Kette von angenehmen Gefühlen. Wer das behauptet, ist auf dem Holzweg.

Glück gleicht mutmaßlich einer Stimmung im begriffenen Sinne. Es erhebt sich über eine unendliche Zahl und Fülle von Wahrnehmungen und Überlegungen über das eigene Leben in seiner Ganzheit. In ihm drückt sich Selbst- und *Weltvertrauen* aus. Glück scheint Wahrnehmung, Einsicht und positive Wertung zu sein, *leben zu dürfen*. Wie der Philosoph Ferdinand Fellmann treffend formulierte, fungiert es als *„Integral des Gefühlslebens (...) und bindet den Menschen an die Welt"*. Es verkörpert eine *bejahende Werthaltung* – ebenso gefühlt wie gedacht – zur Welt und zu sich selbst. Als deren Ursprünge hatten wir die Qualität verschiedener Selbstbezüge dingfest gemacht und beschrieben. Glückliche sind mutmaßlich jene, die sich der ganzen *Fülle* möglicher Bejahungsvarianten öffnen, sie in ihr Leben integrieren und von ihren Genüssen und Freuden zu kosten wissen.

Von der Kraft des Positiven im Negativen

Und die zahllosen *Hindernisse,* die sich der Aufgabenerfüllung in den Weg stellen? Ist dies Buch ihnen gegenüber etwa blind? Wird hier der Möglichkeit das Wort geredet, sich ihrer leichthin entledigen zu können im Dienste einer freien Fahrt ins Glück?

Wir Älteren wissen aus Erfahrung, dass so zu denken lediglich Vorrecht der nachwachsenden Jugend sein darf. Einer, die sich unsterblich wähnt (was sie soll!) und allmächtig. Menschenwirklichkeit fängt dieser Gedanke jedoch nicht ein.

Der Göttinger Professor Lichtenberg schrieb von einer der *„schwersten Künste"* für den Menschen, nämlich *„sich Mut zu geben"*, Tag für Tag zu leben, und die Fähigkeit zu erwerben, sich zu bejahen (6).

Verschließe niemand die Augen davor, dass dies Sich-Mut-Machen eine harte *Selbstarbeit* abverlangt, weil sowohl in unseren Welt- als auch in unseren Selbstbeziehungen an jeder Ecke das *Misslingen* lauert. Wie wahr spricht deshalb Goethe (West-Östlicher Divan, Buch der Betrachtungen) in Richtung Weltbezüge: *„O Welt wie schamlos und boshaft du bist; du nährst und erziehest und tötest zugleich"*.

Die Welt ist eben nicht nur der Stoff, an dem und durch den wir uns bilden. Sie ist auch tausendfache Ursache dafür, dass unser Leben sich so mühsam gestaltet und uns so oft in unentwirrbare Probleme stürzt.

Menschen können an den Widerständen der Welt zerschellen. Oft sind es Zufall und Wechsel, jene Weltmächte, die wahllos zuweisen, was einzelne und Gruppen zu bewältigen haben. Karl Jaspers lässt das unübersehbare *„Heer der Leiden"* aufmarschieren: Die *körperlichen Schmerzen, „die immer wieder ertragen werden müssen"*; die *Krankheiten, „welche nicht nur das Leben in Frage stellen, sondern den Menschen lebend unter sein eigenes Wesen sinken lassen"*; die *Anstrengungen* des *Alltags,* unter denen wir zusammenbrechen und die das wirkliche Gesicht unseres Wesens unvermeidlich verzerren; *geisteskrank* werden, *„sich dessen bewusst sein und in einen kaum nachzuerlebenden Zustand geraten, ohne zu sterben sich selbst zu verlieren"*; das krankhafte Altern *„im Sinne der Verkümmerung"*; *„die Vernichtung durch die Macht anderer und die Folgen der Abhängigkeit in jeder Form der Sklaverei; das Hungernmüssen"*, wovon wir Mitteleuropäer zwar verschont sind, aber Millionen andere in den Weltgegenden eben nicht.

Immer bedroht uns die Gefahr, *schuldig* zu werden. So urteilt der Harfner in Goethes „Wilhelm Meister": *„Wir werden schuldig im Leben, alle, irgendwie, irgendwann, wohl ständig, wir müssen gar nicht Unrechtes tun; nichts tun reicht schon, wir wissen das alle"* (7).

Zuletzt sei der *Endlichkeit* alles Lebendigen gedacht, deshalb auch unseres Daseins, die nichts weiter ist als die keine Ausnahmen duldende Spielregel des Lebens.

Und dann sind wir natürlich gewordene Selbste. Haben eine Vielzahl von Aufgaben zu bewältigen und stoßen mit unseren Kräften an mannigfaltige innere und äußere *Grenzen*: Grenzen der Einsicht, der Aufmerksamkeit, der Zeit und der Ausstattung mit materiellen Gütern; Grenzen unserer individuellen Fähigkeiten und Eigenschaften und jener unserer vitalen Verfassung.

Jetzt begreifen wir umso klarer die Notwendigkeit einer *aktiven Lebensführung*. Sein Leben zu führen, das heißt eben auch, sich mit den hier nur rhapsodisch aufgezählten Hindernissen und Hemmungen auseinanderzusetzen, die sich unserer Lebensaufgabe in den Weg stellen können.

Wenn also von Glück die Rede ist, muss von Vornherein festgestellt werden, dass es in dieser Welt nicht vorkommen kann ohne die Erfahrung von Schmerz und Schuld. Wer Lebensglück als per se krisenfreie Lebenszeit begreift, hat sich hübsch verlaufen. Nicolai Hartmann stellt richtig fest: *„das tiefe Glück schließt das Leiden (...) keineswegs aus"*. Irgendein Misslingen oder Nicht-Gelingen ist immer anwesend. Irgendein zufällig sich ergebendes In-den-Weg-Stellen, das belastet, überfordert und irgendwann auch Glück zerreibt zwischen den Mahlsteinen andauernder Leiderfahrung.

Die Tuchfühlung mit dem Negativen ist für Menschen unvermeidlich in dieser Welt. Wir haben es in unserem Leben vielmehr zu jeder Zeit mit Gelingen und Misslingen zu tun. Oft, wie mir scheint, mit beidem gleichzeitig auf je unterschiedlichen Spielfeldern unseres Lebens. Und manchmal ist ins Gelingen Misslingen gewoben und umgekehrt.

Lebensglück kann gar nicht *„schattenloses Glück"* sein, weil jedes Menschenleben stets zwischen dem positiven und negativen Pol oszilliert. So werden wir kaum je einem lebensglücklichen Menschen begegnen, der nicht auch wenigstens einmal tief unglücklich gewesen sein wird. Und vielleicht gehört, wie manche dafürhalten, das Erlebt-Haben von Unglück als Bedingung zum nachherigen Glücklichsein dazu. Vielleicht muss Glück auch errungen werden. Vielleicht müssen wir uns auch durch Erfahrungen des Scheiterns zu unserem Glück läutern. Dass Glück sich *nur* auf den Trümmern eines Scheiterns erbauen ließe (als conditio sine qua non), erweist sich mir als letztlich übertrieben dialektisch gedacht (8).

Lebensglückliche sind ferner keine *Asketen,* worunter ich ganz grob Menschen verstehe, die die Drähte zur Welt kappen, indem sie sich von ihren Mitmenschen, den Inhalten und Materialien der Welt zurückziehen. Warum tun sie das? Um die Leiden, die Verstrickungen, die Verluste, die Schmerzen und die Schuld auf null zu drosseln, die im Umgang mit der Welt notwendig entstehen. Dass sie damit aber auch die Brücken *in* diese Welt abreißen und den menschlichen Sinnraum und seine Möglichkeiten preisgeben, beschreibt dann nur die andere Seite der Medaille.

Wir leben nicht asketisch, weil wir diese Konsequenz scheuen. Schärfer: weil sich so der *menschliche Mensch*, der die Fülle des Lebens ausschöpft, selbst verloren geht.

Aber worin zeichnet sich nun das Sein der Glücklichen aus – im Hinblick auf das Misslingen, wohlgemerkt? Sie verfügen über emotionale, soziale und intellektuelle *Ressourcen*, auf die sie in Krisenzeiten zurückgreifen können. Ich behaupte: Glückliche verfügen über mehr psychische *Resilienz* als andere. Über jene Widerstandskräfte also, die auch schwere Zeiten ertragen lassen, ohne allzu schnell Lebensmut und Daseinsfreude zu verlieren (9). In diesem Sinne schrieb bereits vor 2400 Jahren der Wanderlehrer Bion v. Borysthenes, der wie der noch berühmtere Diogenes von Sinope (der aus der Tonne) zur Schule der Kyniker gehörte: Es sei *"ein großes Unglück ..., Unglück nicht ertragen zu können"*.

Im Leben Glücklicher haben schwere Zeiten Raum und Platz, weil sie befähigt sind, jeweilig Negatives kompetenter ab- und auffangen zu können. Um welche Fähigkeiten handelt es sich dabei? Beispielsweise um das richtige Sich-Dazustellen, nennen wir es ruhig Gelassenheit – insbesondere dann, wenn an Handlungsalternativen Mangel herrscht, so dass bloßes Aushalten der Situation erforderlich ist. Ferner geht es um eine Bewertungsarbeit, in der das Unterscheiden von Wesentlichem und weniger Wichtigem gelingt, das entlasten kann. Oder denken wir an die Kompetenz, sich von alten Zähnen (Zielen) zu verabschieden und neue Ziele anvisieren zu können, wenn nötig. Auch die Kraft, sich auf sich zu besinnen und das, was andere denken und wollen, in die zweite Reihe schieben zu können, zähle unbedingt dazu.

Menschen im Lebensglück stärkt das *Vertrauen*, sich an den Wechsel der Umstände anpassen und nötigenfalls Krisenzeiten besser akzeptieren zu können. Der Grad ihrer Selbst-Habe lässt sie daran nicht zweifeln. Sie sind erfüllt von der begründeten Zuversicht, das Leben nach durchstandener Krise fortsetzen zu können wie bisher.

Kurz: Glück beschirmt, mindert die Stärke der Schicksalsschläge, vermag das Leid und die Sorgen klein(er) zu halten. Den Weg in die Verzweiflung blockiert es länger, Trauer kürzt es ab. Nietzsche, der intime Kenner menschlichen Ungemachs, notierte, dass es eine Unzahl von Linderungsmitteln gäbe gegen Schmerzen aller Art. Dazu gehörten auch *"gute und schlimme Erinnerungen, Absichten und Hoffnungen, und viele Arten von Stolz und Mitgefühl"*. Füge zu diesem Aufgebot von wirksamen Anästhetika auch das Erleben von Lebensglück. Sich im Einklang mit sich zu wissen und zu fühlen, wirkt als emotionale Ressource hochprozentig und vermag, aktuelles Leid jedenfalls zeitweise zu dominieren.

Die kühne und stets belächelte *stoische These*, dass der Mensch das Lebewesen sei, das auch unter Schmerzen glücklich sein könne – der Weise sogar unter der Folter –, erfährt vor dem Hintergrund der Einsichten in diesem Buch eine (gewiss hauchdünne) Beglaubigung, solange freilich der gegenwärtige Schmerz sich in einem bewältigbaren Rahmen bewegt. Vielleicht stimmt die These, dass Menschen im Glück sogar *„unter Rückfällen vorwärtskommen"*.

Der Philosoph Ludwig Wittgenstein gehörte zu jenen, die in ihrem Leben oft verzweifelt waren. Doch soll er auf seinem Totenbett gesagt haben, dass er ein wundervolles Leben gelebt habe. Auch Sokrates starb gewiss nicht unglücklich, als man ihn nötigte, den Schierlingsbecher zu trinken.

Es mag paradox klingen, und dennoch erscheint es mir nicht irrig, was der Philosoph Michael Hampe einmal bemerkte: das es nämlich falsch sei zu behaupten, dass das Leben eines Menschen, der nicht nur einige Male, sondern sogar oft verzweifelt war, *„unmöglich ein glückliches gewesen sein kann"*. Es kann. Und das in diesem Glück sichtbar Gemachte hilft, diese Möglichkeit zu begreifen.

Aber es gibt auch Krisenphasen und -ursachen, wer wollte das ernsthaft bestreiten, die das jeweilige persönliche Maß an Stärke und Anpassungsvermögen überschreiten. Dann geht auch Lebensglück verloren. Hans Krämer unterscheidet in diesem Zusammenhang feinsinnig ein Minimum an positiver Lebensqualität, das für ein *„auf längere Sicht lebenswertes*

Leben mindestens notwendig ist", von einem *„existenziellen Minimum"*, das kurzfristig unterschritten werden kann aufgrund extremer punktueller Belastungslagen. Werden beide Minima längere Zeit unterschritten, droht der Kollaps in existenzieller Verzweiflung. Es ist die Entzugsform eines gelingenden Selbstseins. Im schlimmsten Fall kann sie im Bilanz- oder Kurzschlusssuizid enden.

Fragen wir, was denn im Selbst auf dem Weg in das Unterschreiten der Minima geschieht? Wir können das in Umkehrung dessen, was in den vergangen Kapiteln zu einer gelingenden Lebenspraxis gesagt wurde, nun gewissermaßen ableiten. Dann lähmt und verschließt das Leiden das Offenstehen in Kommendes und Mögliches. Das Selbst kapselt sich der Welt gegenüber ein und ab. Es zieht seine Brücken, die doch Welt erschließen sollen, wie Zugbrücken ein. Der Fluss inneren Wachstums stockt und kommt zum Stehen. Welt- und Selbstbezüge verarmen. Sie verlieren an Intensität, Umfang und Zahl. Lebensziele und Lebensentwürfe schlafen ein oder brechen ab. Die Übereinstimmung von entworfenem und faktischem Selbst schwindet und schlägt in Abweichung um. Die positive Selbst- und Lebensbewertung bröckelt und löst sich auf. Wo einst ein Garten gedieh, der einlud zu verweilen, stößt nun Ödnis ab, von Gastlichkeit keine Spur mehr. Auch Lebensglück ist ein zerbrechliches Gut.

Halten wir fest: Lebensglück, jene tiefe und dauerhafte Zufriedenheit mit dem Lebensganzen, verspricht mitnichten, aller Sorgen ledig, aller Widersprüche und Hemmnisse eines realen Lebens enthoben zu sein. Jedoch: Inmitten von Nöten erfahren sich Menschen im Lebensglück bejaht, weil sie sich getragen wissen von Tätigkeiten und Kompetenzen, die ihnen eine gelingende Lebenspraxis ermöglichen.

Im Glück ist aber auch das melancholische Bewusstsein anwesend, endlicher Tage Gefährte zu sein. Aber diese Klarheit hemmt nicht den Lebensschwung. Sie begleitet den besonnenen, sich selbst bildenden Menschen wie sein Schatten. Albert Camus lässt Grand, einen betagten Herrn, zum Ende seines Romans „Die Pest" sagen: *„Aber was heißt das schon, die Pest? Es ist das Leben, sonst nichts"*.

Glück, das sollte klar geworden sein, ist eine *voraussetzungsreiche Wirklichkeit*. Es zeichnet sich durch seine Dauer und seine Tiefe aus. Lebensglück ist letztlich *indirektes* Produkt von *Selbstarbeit*, einem reflektierten Bemühen, das uns selbst gilt. Menschen haben sich dieses Glücks aktiv zu befähigen. Es fällt niemandem in den Schoß.

Aber widerspricht dieser Auffassung nicht andere menschliche Erfahrung? Gibt es nicht z.B. das Glück der „einfachen Leute"?

Literarisch verarbeitet finden wir es in einem kleinen Text von Voltaire. Dort hören wir einen hochgebildeten und angesehenen Brahmanen über die Glückslosigkeit seines Lebens bittere Klage führen. Mit Inbrunst wünscht er sich das Glück einer armen Bäuerin herbei, die nichts hat und wenig weiß und dennoch in tiefer Zufriedenheit ihr karges Leben fristet.

Was hier anklingt, bestätigt empirische Sozialforschung in vielen vergleichenden Studien. Darin werden Bevölkerungen beschrieben, wo Menschen auf engstem Raum, von Naturkatastrophen heimgesucht, in Armut und Unwissenheit leben. Ihnen bescheinigt man die geringsten Bedürfnisse. Sie seien ganz von der Sorge um ihr religiöses Heil beansprucht. Sie würden mehr überleben als gut leben – aus unserer Sicht. Statistisch aber sei ihr Glück größer als das des durchschnittlichen Mitteleuropäers.

Mir scheint, dass sich die Zufriedenheit jener Bäuerin in Voltaires Parabel und die hohe Zufriedenheit vieler Menschen in armen Ländern nicht unerheblich unterscheiden von jener Wirklichkeit, wie ich sie in der Gestalt des Lebensglücks beschreibe. Ein Glück ohne Selbstarbeit finden wir in traditionellen und konservativen Kulturen. Dort gelten ritualisierte Lebensregeln, die das Fühlen, Denken und Handeln der Menschen leiten und sichern. Lebensbejahung erfahren sie von *außen* durch religiöse Vorstellungen und Praktiken, die sie verinnerlicht haben.

Eine aktiv gelebte Selbst- und Weltbeziehung, die nach Selbstbestimmung strebt, wie ich sie beschreibe, wäre in diesen Gesellschaften nicht lebbar, weil sie an den sozialen Widersprüchen zerbrechen würde oder Ausstoß aus der Gemeinschaft zur Folge hätte.

Materielle Bedürfnisse spielen dort eine für uns, die wir der Maxime des „Haben-Wollens" folgen, kaum vorstellbar untergeordnete Rolle. Unterschätzen wir nicht, wie sehr das beruhigt! Auch scheint der Glaube, wie immer praktiziert, dort ein beträchtlich stabilisierender Faktor zu sein, der den Menschen Trost und Ablenkung von ihren Nöten bietet.

Kurz um, wir sollten hier nicht Birnen mit Äpfeln verwechseln, obschon beide in den Obstkorb gehören. Lebensglück ist ohne Selbstarbeit ein Wunschding, irreal wie Glück ohne die Erfahrung von Sorge und Leid.

Andererseits wird die Bäuerin in Voltaires Erzählung, würden wir sie befragen, mutmaßlich folgendes zu Protokoll geben: Ob ich mich selbstbestimmt erlebe? Vielleicht weiß ich nicht ganz genau, was du meinst, aber ja, ich tue, was ich will. Und das, was ich will, ist das, was mir meine Religion zu tun gebietet. Weil es das Richtige ist, will ich es auch von ganzem Herzen. Auch was ich sein will, das bin ich ganz und gar geworden: eine Gläubige, die auch mit dem Wenigen zufrieden ist. Und schließlich bin ich mit meinem Leben im Ganzen sehr zufrieden. Ich habe niemals mehr verlangt. Das wäre auch nicht recht. Ich bin an dem Platz, an den mich Gott gestellt hat. Da gehöre ich hin. Wer mit Wenigem auskommt, der muss sich um seinen Besitz keine Sorgen machen. Das brauche ich also niemals. Ob ich mein Leben genauso noch einmal leben wollte? Aber ja doch! Was denn sonst! Ihr Leute von weit her, was ihr redet.

Und so wäre erwiesen, dass sich das Glück der Alten mutmaßlich aus immerhin drei der vier Quellen von Glück speist, die ich beschrieben habe. Dass die drei Quellen tatsächlich in einem völlig *passiven Selbstbezug* ihre positive Wirkung stiften und Glück „generieren", sollten wir dabei nicht außer Acht lassen. Was aber geschähe mit der Bäuerin und ihrem Glück, wenn sie eines Tages einsähe, dass sie ein von außen ganz und gar *fremdgeleitetes* Leben geführt habe?

Wider den Vorwurf, hier würde zum Egoismus angestiftet

Die Handlungsmaximen, die ich empfehle: Entfalte dich! Lerne dich kennen! Sei bei dir! Bestimme dich selbst! Individuiere dich! Bejahe dich selbst aus dir selbst, um dich eines dauerhaften Glücks zu erfreuen: sie scheinen aus dem Verhaltensarsenal des Selbstverliebten ausgeborgt. Als riefe ich zum Egoismus auf! Diesem möglichen Einwand möchte ich an dieser späten Stelle gern seine stumpfe Spitze brechen.

Fragen wir, was Egoismus ist?

Rücksichtslos den anderen gegenüber sich nur um sich selbst kümmern! Wünsche und Bedürfnisse der anderen ignorieren. Schärfer: Wenn einer seine Zwecke in der Weise verfolgt, *„dass er an den Freuden und Leiden seiner Nächsten völlig kalt vorübergeht"*.

Hat sich tatsächlich erwiesen, dass der lebensglückliche Mensch der egoistische ist? Der die Beeinträchtigung der Freuden und die Vermehrung der Leiden anderer in Kauf nimmt, um nur selbst bestmöglich dazustehen?

Wer sein Herz entfaltet und erforscht, wird ausgerechnet er Wert und Recht der anderen anzuerkennen verweigern? Wer sich zur Selbstbestimmung durcharbeitet, wird ausgerechnet er des anderen Freisein rauben wollen? Wer sich aus sich selbst bejaht, hat er es nötig, sich über andere stellen zu müssen, um sich selbst Wert beizumessen? Wer nicht nur sein Herz entfaltet, sondern auch sein Weltverstehen, wird der nicht immer weniger durch Unwissenheit andere hemmen und wird sein Urteil nicht besonnener sein als das der anderen?

Im Glück, scheint mir, wenden wir uns nicht dem Egoismus zu, sondern vielmehr von ihm ab! Der Egoist richtet sich stets selbst, weil er ins Glück gar nicht kommen kann, denn er verschließt sich der Welt gegenüber und sich selbst.

Folgt daraus, dass der Mensch, der Böses tut, der andere wissentlich schädigt, grundsätzlich nicht ins Glück gelangen kann? Dass der Antisoziale niemals dauerhafte und tiefe Zufriedenheit erfährt? Das wäre eine starke These. Aber mir scheint eines klar: Irgendwann auf dem Lebensweg dessen, der das Gemeine nicht scheut, wird seine Beziehung zu anderen Menschen nachhaltig Schaden nehmen. Dann nämlich, wenn andere erkennen, wer man ist. Denn es gilt: *"Unrecht zu tun und dabei verborgen zu bleiben ist schwierig, Gewißheit zu erlangen, daß man verborgen bleibe, unmöglich".* Ohne eine Mindestqualität von Weltbezügen, die auf Vertrauen und Anerkennung beruhen, ist vermutlich kein Lebensglück zu erfahren möglich.

Ich behaupte mit dem Philosophen Moritz Schlick (10), dass Güte und Altruismus mit dauerhaftem Glück hoch *korrelieren*, weil jenes Glück die Offenheit für andere, deren Leiden und Freuden zur Bedingung hat. Glücksfähig ist mutmaßlich nur der Mitfühlende.

Und: *Selbstzentriertheit* sollte nicht mit Selbstsucht verwechselt werden. Die Psychologin Barbara Fredrickson berichtet von einer Begegnung mit dem Dalai-Lama (11). Dieser wunderte sich, dass es für westliche Menschen so schwierig sei, ein wohlwollendes und liebevolles Gefühl für sich selbst zu entwickeln. Damit würde hingegen die buddhistische Meditationspraxis beginnen. Erst wenn das gelungen sei, würde die Bejahung für sich selbst auf die anderen übertragen in der Zuwendung zu ihnen.

Lässt sich daraus nicht der Schluss ziehen, wir wären geradezu *verpflichtet*, glücklich zu werden? Mir jedenfalls erscheint das plausibel und folgerichtig. Und diese *Pflicht* gilt nicht nur uns selbst, sondern auch anderen gegenüber. Alain stellte fest: Dass der Glückliche von vielen geliebt wird, dürfe nicht Wunder nehmen. Diese Belohnung sei verdient, *"denn das Unglück, die*

Langeweile, die Verzweiflung liegen in der Luft; deshalb sind wir Dank und Kranz schuldig denen, die durch ihr Beispiel die Luft von Miasmen reinigen." Und Alain fährt fort: *„Deshalb gibt es nichts Wichtigeres in der Liebe als das Gelöbnis, glücklich zu sein. Was wäre schwerer zu ertragen, als die, welche man liebt, traurig oder unglücklich zu sehen? Sowohl Mann wie Frau sollten ständig daran denken, dass das schönste Geschenk, das einer dem anderen machen kann, das eigene Glück ist."*

5. Von der Natur als Bewahrerin ihrer selbst

Eine lebensphilosophische Spekulation

Oben war von einer *Typologie* der Spielarten von Wohlfühlzuständen die Rede. Wir haben sie kursorisch aufgelistet und betrachtet. Ihnen allen war gemeinsam, dass wir uns in ihnen *bejaht* erleben. Damit war gemeint, dass wir mit uns selbst und der Welt momentweise jedenfalls *harmonieren*. Unbefriedigte Bedürfnisse, nagende Sorgen, Befürchtungen und körperliche Leiden halten in diesen Momenten still. Ein Zufluss gefühlter Positivität erfüllt den Innenraum unseres Bewusstseins, und wir spüren, dass es so, wie es jetzt ist, gerade gut ist.

Diese Momente der Daseinsfreude bezwecken übrigens nichts außer sich. Unser Erleben, es ruht in sich. Es ist sich selbst Zweck. Dort, wo Aristoteles über Glück nachdenkt, verwendet er diesen Begriff des Selbstzwecks (1). Er verstand darunter etwas, das nur um *seiner selbst willen* sei und *getan* werde. Es gäbe keinen höheren Zweck als diesen, kein Umwillen, dem Glück Mittel und so gewissermaßen dienlich sei. Glück, sagt er, sei das, was um *seiner selbst willen* sei. Es habe kein Außen. Während uns fast alles als Mittel zu anderem nützlich sein kann, sei es beim Glück nicht so. Mir erscheint das unmittelbar einsichtig. Es genügt sich, will nichts außer sich.

Fühlen wir uns *bejaht,* werden wir überdies und zumeist Augenblicksbewohner. Augenblick, verweile doch ...! dichtete ein Großer. (Wenn wir das nur wirklich verstünden!) In diesem Hingegebensein ins gewissermaßen „Heile" würden wir gern länger Ferien machen. Aber tatsächlich macht sich dies von

Sorgen und Schmerzen befreite Erleben für gewöhnlich bald aus dem Staub. Gefühle ganz anderer Färbung drängen sich vor. Solche kleinlicher Nöte, von Alltagsbeschwerden und trüben Gedanken, aber auch aufgestaute, drängende Begierden und wieder erwachende körperliche Unpässlichkeiten und Leiden.

Wie dem auch sei: In einer Vielzahl von *Alltagstätigkeiten,* aber auch in geprägten *Lebensformen*: Essen und Trinken genießend, in der Sonne liegend, meditierend, betend, Wissenschaft treibend, die Lust des erotischen Spiels empfindend, Kunstwerke schaffend, anderen beistehend, Sport treibend – bei alledem können wir uns in unserem Dasein *bejaht* erleben; darin scheinen sich alle Glücksgestalten und Wohlfühlweisen fundamental zu gleichen.

Nun, da wir uns eine ungefähre Vorstellung von elementarem Wohlfühlen angeeignet haben, möchte ich jetzt den Begriff der *Daseinsbejahung* in einen größeren, genauer: lebensphilosophischen Horizont stellen.

Es ist Nachmittag, und ich komme von der Arbeit nach Hause. Insgeheim hoffe ich, unseren Kater anzutreffen. Und wirklich, da liegt er eingerollt auf dem Fensterbrett und döst dem Abend zu. Natürlich war sein Tag weniger arbeitsreich als meiner, aber ich neide es ihm nicht. Stattdessen fühle ich mich reich beschenkt, wenn er sich mir für einige Minuten zuwendet und ich an seinem ausschweifenden Behagen teilhaben darf.

Dann stelle ich mir mitunter vor, dass *er* Bescheid weiß, unser Kater. *Ich* hingegen tappe im Dunkeln. Er tut geradeso, als sei er über die tiefen Rätsel des Lebens erhaben. Oder mindestens eingeweiht in die letzten Antworten. Diese scheinen an Orten zu lagern, zu denen unser einer keinen gültigen Passierschein erhält. Ich frage mich auch, was er wohl fühlt, wenn er, wie so oft, an seinem Lieblingsort gönnerhaft die Stunden vorbeiziehen lässt. Das Verschmolzensein mit dem Ur-Grund aller Dinge? Unser Katertier: gehört er vielleicht zur Zunft unerkannter Mystiker?

Jedenfalls finde ich kein Indiz dafür, dass ihn Gefühle und Gedanken der Sorge umtreiben. Etwa belastende Ängste, seine nähere oder fernere Zukunft betreffend. Aber das scheinen doch uns Menschen vorbehaltene Errungenschaften zu sein im Reich des Lebendigen.

Tatsächlich trennt uns ein wahrer *Abgrund* von den anderen Tieren, der uns in einen schönen Schlamassel manövriert hat. (Ich lege sogleich den Finger in die Wunde dieses Abgrundes.) Dennoch möchte ich – zuvor und vorsichtig – auf etwas *Gemeinsames* hinweisen, was die anderen Tiere und uns verbindet. Etwas, das heute wenig beachtet und bedacht wird.

In einem Urlaub vor Jahren befand ich mich inmitten einer Seevogelschar auf sonnenbeschienenen Felsen. Milde Wärme lag auf ihren buntgefiederten Körpern. Man badete im Licht der Mitsommernacht. Der Wind war eingeschlafen. Reglos standen sie auf einem Bein, den Kopf leicht nach hinten geneigt. Putzten sich mit den Schnäbeln. Kein Streit verursachte Durcheinander. Ankommende störten nicht die anderen auf. Ich stellte mir vor, dass sie *innerlich lächelten*. (Gern gestehe ich: auch ich fühlte mich ganz besonders!) Und wurden sie dann dennoch für einige Sekunden aufgeschreckt, so schwangen sie sich rasch wieder ein in ihr vormaliges Empfinden.

Jene lappländischen Seevögel benötigten zur *Bejahung* ihres Daseins nur Sattheit und Wärme – vorausgesetzt, dass sich kein Fressfeind näherte. So geht es auch dem Hirsch im Wald oder der Kohlmeise im Vorgarten. Wir wollen das einmal annehmen.

Ich meine also den Umstand, dass auch sie, unsere Mit-Tiere, in einer Weise, die wir nur schwer einsehen, zu sich in einem – ich formuliere wie auf dünnem Eis – positiv-affektiven Verhältnis stehen. Unser Kater zu sich ebenso wie ich mitunter zu mir und du zu dir.

Diese Auffassung ist gar nicht neu. In der alten Stoa, vor 2500 Jahren, sah man das bereits ganz unverbildet. Die Stoiker sprachen von der *Zugeneigtheit* des Lebens zu sich selbst. Sie sei der *erste ursprüngliche Impuls,* der bei der Geburt jedes empfindungsfähigen Lebewesens vorliege und nicht erst erworben werden müsse. Damit brachten sie zum Ausdruck, dass alles empfindungsfähige Leben leben will, *weil* es sich ganz *natürlich* aus sich heraus *bejaht.*

Bei Cicero, der uns die altstoische Einsicht übermittelt, lesen wir von *„der Natur als der Bewahrerin seiner selbst."* Alle *empfindungsfähigen* Wesen seien *ausgestattet* mit jener *„liebevollen Eigentümerschaft"* und strebten danach, zu fördern, was ihren arteigenen Verfassungen gemäß, und zu fliehen, was ihnen nicht gemäß ist. Es stünde der Natur auch nicht gut an, so die Stoiker, *„sich das Lebewesen selbst zu entfremden"*, weil es den Lebensvollzug so erschweren würde. (Oh, aber wie anders bei uns Menschen!) Gern möchte ich hier von einem *Gleichgewicht* sprechen, einer *vital-emotionalen Homöostase,* die für uns schier unerreichbar scheint. (Kiros täglich gefühltes Daseinsbewusstsein. Unser Strebensziel!)

Das Mitgeteilte veranlasst mich zu der Annahme, dass das ursprünglich zugrundeliegende *Gemeinsame* bei allem menschlichen Wohlbefinden ebenso am Werke sei wie bei dem unserer Mit-Tiere. Die Fähigkeit nämlich, eine gewissermaßen liebevolle Beziehung zu sich selbst zu unterhalten.

Was sich aber *bejaht* zu erleben *vermag,* das *will* es am Ende auch so oft als möglich! Und tut es das gerade nicht, dann wird es danach *streben*! Daraus lässt sich unschwer die Behauptung ableiten: Daseinsbejahung sei das *erste Bedürfnis,* das *Grundbedürfnis* für Wesen, die zu Empfindungen fähig sind.

Angenommen, wir lägen damit nicht weit daneben: Träfe dieser Umstand aber auf *alle* empfindungsfähigen Wesen in *derselben* Weise zu? Ich präzisiere: Auf uns Menschen wie auf unsere Mit-Tiere gleichermaßen?

Um diese Frage zu beantworten, meine ich, haben wir uns nun dem *Abgrund* zu nähern, der uns von den anderen Tieren scheidet. Da liegt also unser Kater noch immer auf dem Fensterbrett. Er hat sich inzwischen einige Male behaglich gestreckt. Anlässlich unseres verabredeten Halb-Sechs-Tee-Gesprächs versichert er mir, keinen Hunger zu verspüren. Auch fröstle er nicht an den Tatzenspitzen. Allerdings könne er sich vorstellen, da, wo er es am liebsten hat, meine gekonnte Hand zu dulden.

Ich schaue ein beneidenswertes Behagen an. Bloß, dass er nicht von sich weiß, unser Kater. Er scheint *außerhalb dieser Möglichkeit* zu existieren. Aber damit auch fern der Anfechtungen, Bedrängungen und Herausforderungen, die Wesen heimsuchen, welche auf diese Weise *riskiert* existieren wie der Mensch. Während die meisten anderen Tiere in ihrem Dasein einfach *aufgehen*, es sei denn, Hunger, Schmerz oder Gefahr beunruhigt sie vorübergehend, scheint es bei homo sapiens anders zuzugehen.

Die anderen Tiere wissen nicht von sich. Das macht den *Unterschied*. Sie leben in keinem *Abstand* zu sich. Sie werden nicht von Fragen bedrängt, die nach ihrem Sein, Sinn und Glück Auskunft verlangen. Fragen, die im Letzten vielleicht unbeantwortbar sind. Die aber deshalb nicht schon aufhören. Die anderen Tiere ruhen in *natürlicher Bejahung* heil und rein, wie Rilke dichtete. Diese Feststellung ist nicht unwichtig.

(Übrigens werden wir zwischen Fruchtfliege, Laubforsch, Feldmaus und z.B. Walen, Delphinen und Primaten Unterschiede machen müssen. Um diese geht es mir jetzt aber nicht. Mein Gegenstand ist ausschließlich der Mensch.)

Die anderen Tiere bejahen sich ganz *natürlich erfolgreich aus sich.* Sie müssen, um sich dergestalt zu erleben, nichts eigens anstellen, was ihnen Mühe und Anstrengungen abverlangt. Es, das Bejahen, vollzieht sich gewissermaßen ohne ihr Zutun. Sie schwingen in dies Behagen wieder ein, sollte sie etwas vorübergehend gestört haben. Von einem *Streben,* das einen veritablen *Mangel* überwinden will, weil er bewusst geworden ist, können wir nichts bemerken.

Anders bei homo sapiens. Ihn kennzeichnet wohl als einzige Gattung im Reich des Lebendigen die außerordentliche *Fähigkeit*, zu sich *Stellung* nehmen zu können. Diese Befähigung, mit der wir seine innerste Existenzbedingung erfassen, sie ist ihm aber zugleich auch dauerhafte Belastung und Gefahr.

Verstehen wir uns nur sachgemäß einer Lebensform zugehörig, deren Vertreter oft erbitterten *Gesprächen* gleichen. Aber wer streitet denn da mit wem? Du mit dir und ich mit mir! (Selbstverständlich auch wir untereinander, aber darum geht es gerade nicht.) Wir sind fähig, uns jeweils über die Schulter zu sehen und allerlei Beziehungen zu uns selbst zu entfalten und zu unterhalten. Ach nein, wir sind ja dazu *verurteilt!*

Wir müssen uns einzelne zugleich als *zwei* begreifen. Individuum ist *Dividuum*. *Selbstgespräche* sind wir. Frage und Antwort in einem, wobei die Fragen oft genug unbeantwortet bleiben. Das macht es so *prekär,* ein Mensch zu sein.

Herder nannte dies Wesen: den ersten Freigelassenen der Schöpfung. Entlassen aus dem Mutterschoß der Natur und befreit zum Wissen von sich selbst. Dass jenes kleine Malheur, der Fall ins Ich-sein – manche nennen ihn den *Sündenfall –*, die allergrößten Konsequenzen für dergestalt zu sich Befreite nach sich zieht, sollte uns nicht wundern. Vielmehr erstaunt, dass uns der Umstand so selbstverständlich und fraglos wie das Zähneputzen geworden ist. Aber das schmälert keineswegs seine herausragende Bedeutung für Wesen wie uns.

Nun behaupte ich rundheraus, dass der *Verlust natürlicher Bejahung* Folge des *Sündenfalls* ist. Kann ich das hinlänglich plausibel machen? Mir scheint das jedenfalls beträchtlich wahrscheinlich, weil wir durch den Fall konstitutionell beunruhigte Wesen wurden, *Unruhe-Wesen,* sich sorgende, an sich kratzende, an sich tausend Ungenügen findende Wesen. Wir sind gewissermaßen *konstitutiv* „aufgescheuchte" Tiere geworden, wenn ich so sagen darf.

Diese Bemitleidenswerten wissen weder *alles* von sich noch von der Welt. Aber sie *streben* danach. Daraus wird: *alles* wird ihnen *fraglich*! (Aber obwohl wir im *Letzten* nicht wissen, was die Welt im Innersten zusammenhält, was wir wollen und wer wir sind, können wir darin doch fortschreiten.)

Mit anderen Worten: Selbstbezügliches Knieschlottern versorgt uns auf unserer Lebensfahrt unerschöpflich mit Befürchtungen, Anfeindungen, Ängsten und nervösen Krankheitszuständen unzähliger Varianten. Das macht unsere erstrebte Daseinsbejahung nicht leichter. Sind das Hinweise genug?

Nun schlage ich dringend vor, den Verlust der natürlichen Bejahung als des *Sündenfalls* wahren *Sold* zu verstehen. Es ist der Preis dafür, in den zweifelhaften Adelsstand von Selbstwissen und abstraktem Denken gehoben worden zu sein. Deshalb sind wir mit der Not *geschlagen*, den Verlust *natürlicher Bejahung*, das verlorengegangene Terrain, gewissermaßen *künstlich*, d.h. durch *Arbeit* an uns selbst zurückzuerobern.

Vielleicht verstehen wir das von den Philosophen verbürgte Streben nach Glück richtig als das *Heimweh* des Menschen in diesen *natürlichen* Zustand? Die Tür aber, dorthin zurückzukehren, die Rückeroberung des Paradieses, diese Möglichkeit ist uns für immer verwehrt! Stattdessen sehen wir uns vor die lebenslange *Aufgabe* gestellt, uns selbst dazu zu befähigen, mit uns befreundet und uns möglichst *dauerhaft zu bejahen*.

Mit anderen Worten: Im *Glücksstreben* – darin entdecken wir mutmaßlich nichts anderes als unsere *spezifisch menschliche Existenzsituation*. Ihr entwächst eine Riesenaufgabe, die für jeden Einzelnen darin zu liegen scheint, sein Leben auf eine *gelingende* Weise zu *führen*.

Und weil wir in der *Bejahung* des eigenen *Daseins* mutmaßlich *das* elementare *Grundbedürfnis* aller empfindungsfähigen Wesen (ich rechne uns Menschen dazu) erfassen, gebe ich also abschließend zu bedenken, ob wir nicht jede menschliche Erfüllung dieses Strebens, so zahlreich wie die Sterne am Himmel, sachgerecht als eine *Variation* über die *Grundmelodie* Daseinsbejahung verstehen sollten. Folgerichtig wäre Glückserleben dann Ausdruck der *größtmöglichen Erfüllung* dieses

Grundbedürfnisses. *Glück* wäre dann jene Variation über die Grundmelodie, die von einem *maximal gelingenden* Leben zeugt. Oder um es mit Erich Fromm zu sagen: Glück deutet darauf hin, *„dass der Mensch die Lösung seines Problems der menschlichen Existenz gefunden hat ..."*.

Post Scriptum:

Glück und Sinn

Dass ein Leben möglich ist auch ohne Glück, erscheint mir unbestreitbar. An Glücksmangel ist noch niemand zugrunde gegangen. Am Ende von Fontanes „Irrungen und Wirrungen", da alles entschieden ist, fallen die Sätze: *„Und eines Tages bist du wieder glücklich und vielleicht ich auch."* Darauf Botho: *„Glaubst dus? Und wenn nicht, was dann?" „Dann lebt man ohne Glück",* sagt die junge Lene alias der gereifte Fontane – als lebte sie schon achtzig lebenserfahrene Jahre.

Überschlagen wir einmal nüchtern, wie viele im Kreise unserer Freunde, der Familie sowie der Arbeitskollegen ein Glück erleben, das andauert. Eines, das so voraussetzungsreich ist, wie das, was ich Lebensglück nenne.

Größer wird die Zahl derer sein, die von sich sagen, ihr Leben sei ein sinnvolles, ein von Sinn getragenes. Das ist etwas anderes, und es lohnt sich, darüber nachzudenken.

Manche sagen, Glück sei nicht das Wichtigste, sondern Sinn. Das stimmt – von einer bestimmten Blickwarte aus gesehen. Wir können vielerlei Einschränkungen erdulden, auch Glück entbehren über lange Zeiträume oder gänzlich: entbehren wir aber auf Dauer unseren Lebenssinn, dann werden wir krank. Sinnverlust bringt uns auf Dauer um. Das wiegt schwer.

Mit anderen Worten: Die psychische Erfahrung von Sinn ist ebenso wichtig wie die physische von Essen und Trinken. Sie ist *überlebenswichtig.* Deshalb ist das eine – Sinnhaftigkeit – wichtiger als das andere – Glückserleben. Wohlgemerkt: wichtiger zum *Überleben*. Diese Präsisierung wird aber notorisch unterschlagen und so wird das Bild schief.

Tatsächlich geht die Erfahrung von Sinn dauerhaftem Glückserleben *voraus*. Glück verschließt sich dem, der Sinnlosigkeit erleidet (1). Damit sind wir auf eine *weitere* wesentliche Voraussetzung für Glück gestoßen.

Diese Feststellung kassiert aber nicht die Tatsache, dass Menschen erst im Glück ihre Bejahungspotentiale *ausschöpfen*. Die Begründungsrangfolge taugt nicht als Wertkriterium. Glück bleibt höchstes Gut, das um seiner selbst willen *ist*. Im Glück erst bejahen wir uns auf eine Weise, nach der die allermeisten Menschen *streben*. Es bliebe also dringlich zu fragen übrig: Was meinen wir eigentlich mit dem Ausdruck *Sinn*? Hat menschliches Leben einen *Sinn,* der zu entdecken wäre, oder ist es, wie manche meinen, *sinnlos?* In welchem Sinne aber? Und wenn Sinnlosigkeit nicht das letzte Wort wäre: Was nehmen wir denn wahr, wenn wir unser Leben als *sinnvoll* erfahren? Und: Können wir zur Sinnhaftigkeit unseres Lebens *aktiv* etwas beitragen, um uns auf diese Weise dieser ganz elementaren Bedingung für Glückserleben zu befähigen?

Mit diesen Fragen betreten wir das weite Feld eines Themas, das ich in einem anderen Buch erkundet habe (2).

Anhang:

Über den Begriff des Glücks in der abendländischen Ideengeschichte

Vom Zufalls-Glück

Schon zu Beginn des Römischen Reichs (6. Jahrh. v. Zw.) erfreute sich die römische Glücks- und Schicksalsgöttin *Fortuna* reger Anteilnahme (1). Auf Abbildungen aus frühester Zeit sehen wir sie in halsbrecherischer Lage. Eine nackte Frau, aufrecht stehend auf einer Kugel inmitten bewegter, schäumender See. Die Nackte hält in der einen Hand einen wehenden Schleier, einen gebrochenen Mast in der anderen. Ihre Augen sind geschlossen oder verbunden. Aber sie stürzt nicht. Was will uns der Erfinder damit sagen?

Er veranschaulicht das leidenschaftlich Begehrte, das sich aber stets entzieht. Auf es ist kein Verlass. Außerdem droht mit ihm Schiffbruch. Also sieh dich vor, Freund, Freundin. Zudem erscheint Fortuna als Göttin, die das zufallende Glück ohne Ansehen der Person aus einem Füllhorn verteilt.

Fast 1000 Jahre später widmete sich der römische Gelehrte und Politiker Boethius in seiner berühmten Schrift „Trost der Philosophie" dem Glück. Als er, von Kaiser Theoderich zum Tode verurteilt, im Kerker seinem Ende entgegen wartete, unterschied er, gegen die eine bittere Klage führend, zwei Glücksgestalten. Eine sei gekennzeichnet durch seine *„vielgestaltigen Trugkünste"*. Sie treibe ein *„verderbliches Spiel"* mit den Menschen, narre sie, gaukle ihnen nur Solidität vor. Sie sei zwar süß, aber sprunghaft und treulos. Was er beschreibt, das ist Fortuna, der blinden Glücksgöttin *„Unbeständigkeit"*. Wahres Glück sei hingegen unverlierbar. Wir werden gleich hören, aus dem Mund seines, des Boethius, Meisters – Platon –, worin es bestehen solle.

Niccolo Macchiavelli, der Verfasser des berüchtigten Essays „Der Fürst", darin kühle Machtpolitik ausbreitend, dichtete erneut 1000 Jahre später folgende lesenswerte Zeilen über Fortuna und die Reue (Das Glück, L` occasione):

„` *Wer bist Du? Darf ich Dich als Göttin grüssen?/ Wo fliehst Du hin mit flatterndem Gewand?/ Und warum trägst Du Flügel an den Füssen?`/ `Ich bin das Glück, nur wenigen bekannt;/ an keiner Stätte darf ich mich verweilen:/ rasch rollt das Rad, auf dem ich steh, durchs Land./ Kein Sterblicher vermag mich zu ereilen;/ und Flügel trage ich an meinem Schuh,/ um leicht im Laufe die Lüfte zu zerteilen./ Mein langes Haar deckt Brust und Antlitz zu,/ dass niemand mich erkennt, der mich gewahrt,/ wenn ich von vorn ihm nah in jähem Nu./ Am Hinterkopfe bin ich unbehaart,/ dass jedem, der mich jagt, ich glatt entgleite,/ will er am Schopfe mich packen auf der Fahrt."/ Sag mir, wer ist der Schatten Dir zur Seite?-/ „Die Reue. Wer mich fehlt, hat sie erhascht/ und siecht durch sie dahin in innrem Streite./ In müßiger Fragegier hast du genascht/ von törichtem Geschwätz. Nichts kann mich binden./ Die Stunde ist vertan. Und überrascht/ begreifst Du nichts – und siehst mich schon verschwinden*".

Schließlich griff in moderner Zeit Heinrich Heine auf den Mythos zurück. In seinen „Lamentationen" dichtete er, gewohnt ironisch: *„Das Glück ist eine leichte Dirne/ Und weilt nicht gern* *am selben Ort,/ Sie streichelt das Haar dir von der Stirne/ Und küsst dich rasch und flattert fort."*

Und nun gilt es, diese sogenannte Spielart von Glück zu begreifen. Stell dir vor: Du bist Lottospieler, und nun ereilt dich ein Sechser mit richtiger Zusatzzahl. Du kannst es nicht fassen! Es überschwemmt dich ein Gefühl von beseligendem Wohlsein, ein Hochgefühl sondergleichen.

Es geht aber auch eine Nummer kleiner. Du hast dich auf eine Flugreise mit deinem Partner eingelassen, hast Tickets im unteren Preissegment gekauft. Du erwartest Enge und beklemmende Gefühle, denn du fliegst nicht gern. Jetzt gehst du mit gemischten Gefühlen die Treppe hinauf. Eine Stewardess tritt freundlich lächelnd näher und erkundigt sich nach deinem Namen. Es stellt sich heraus: Du bist der Eine-Millionste-Passagier und hast mit deiner Begleitung zwei Sitze in der Ersten Klasse gewonnen. „Glück gehabt", ließe sich in beiden Fällen trefflich sagen.

Ein unerwartetes *Widerfahrnis* ist dir von *außen* geschehen. Etwas hat eine ganz überraschend positive *Wendung* für dich genommen, und diese Wendung ereignete sich durch *Zufall* einfach so und veränderte dein Leben vorteilhaft.

Uns fällt also etwas Positives zu. Man hatte einfach Glück, ein Glückspilz, wer sich dessen rühmen kann, und ist doch als Adressat weit davon entfernt, im Glück zu sein! (2)

Ich möchte diese ganz uneigentliche Spielart von Glück *Zufalls-Glück* nennen. Mit länger anhaltendem, soliderem hat es nur wenig zu tun. Vielmehr wäre man geneigt zu urteilen, es lenke vom Eigentlichen ab! (Aber ganz so ist es nicht. Dazu gleich.)

Dass wir diese Wirklichkeit mit dem Wort Glück bezeichnen, ist ein Unglück. Diese populäre, über die Jahrtausende nicht in ihrer Wirkmächtigkeit abgenommene, viel geschmähte Variante von Wohlfühlen hat dem Glück viel Schlechtes getan. Es war ein Fixierbild, symbolische und begriffliche Waffe aller theologischen und metaphysischen Verächter irdischen Glücks, das bei dem Versuch half, ein menschliches Glück, zu dem wir uns ohne Gott befähigen können, herabzuwürdigen.

Fassen wir die Merkmale jenes Widerfahrnisses kurz zusammen. Dies Glück zufälliger, es mit uns gut meinender Ereignisse ist in der Tat wankelmütig und unberechenbar. Es kommt und geht. Es ist unverfügbar und also nicht herstellbar. Sein Ursprung ist der Zufall, der draußen in der Welt unserer harrt. Weil es so unverfügbar ist, bedurfte es der Erfindung von Glücksbringern in Gestalt des Schornsteinfegers, des Skarabäus oder dem Hufeisen über der Haustür als Mittler zwischen dem guten Zufall und den Menschen.

Aber können wir denn nur Schlechtes über den Zufall berichten? Keineswegs! Ich fühle mich aus Gerechtigkeitsgründen geradezu verpflichte, zur Rehabilitation dieser Weltmacht beizutragen.

Entgegen dem bisher Gesagten ist der Zufall von uns Erdenbürgern aber sehr wohl gut zu *gebrauchen,* auch wenn auf ihn keinerlei Verlass ist. Vielleicht lassen sich sogar praktische Anweisungen aufspüren, wie klug und zu unserem Nutzen mit dem Zufall umzugehen wäre? Um sie zu entdecken, haben wir uns dem Zufall selbst zuzuwenden und seinem Verhältnis zu uns Menschen.

Zum Beispiel entwerfen einige von uns Lebenspläne. Diese bieten Orientierung, einen Fahrplan, eine Perspektive nach vorn. Aber dann ereignet sich etwas, womit niemand gerechnet hat - rechnen konnte: eine Krankheit, ein Unfall, der Verlust des Arbeitsplatzes, unvorhersehbare Begegnungen. Wir kennen das alle. Wenn uns aber fundamentale Lebenspläne an der Welt-Widerständigkeit zerschellen, dann droht die Entwertung unseres daran festgezurrten Lebens. *„Je genauer man plant, desto härter trifft einen der Zufall"*, belehrt uns Mark Twain trefflich. Dann wäre also von *solchen* Lebensplänen jedenfalls dringlich abzuraten, die alles voraussehen, vorausplanen und kontrollieren, die alles festlegen und nichts dem Ungefähren überlassen wollen. Vielleicht bekundet sich hier sogar ein ängstlicher Lebensentwurf, und der Mensch, der sich diesen Lebensplan fein säuberlich zurechtgebastelt hat, wird aller Voraussicht nach im Leben scheitern, denn er geht von falschen Voraussetzungen aus.

Das offene Meer unseres Daseins ist oft Wind gepeitscht und muss Gebietern gehorchen, die mächtiger sind als wir. Einer von ihnen ist der Zufall. Er ist eine Weltmacht. Er greift in unser Leben ein wie er will. Er ist schlechthin unberechenbar, und wer sein Leben ganz auf Berechenbarkeit setzt, wird an ihm seinen Meister finden. *„Dem Zufall entkommen zu wollen, lohnt nicht die Mühe; sich dagegen aufzulehnen und von Zorn erfüllt dagegen anzurennen, trägt alle Zeichen von Vergeblichkeit an sich"*, schreibt Wilhelm Schmid.

Verzichten wir deshalb darauf, uns sklavisch an gesteckte Ziele zu binden. Setzen wir uns solche, die nicht auf uns drückend lasten und die, wenn wir sie nicht erreichen, durch andere ersetzt werden können. *„Auch soll man sich nie so fest auf etwas einlassen, dass ungehinderter Rückzug unmöglich wird"*, sagt Seneca.

Vereiteln wir, unter die Herrschaft von Zwecken zu geraten, die das freie Spiel einengen und zuletzt verunmöglichen. Das lehrte uns Nietzsches Zarathustra: *„Wahrlich, ein Segen ist es und kein Lästern, wenn ich lehre: über allen Dingen steht der Himmel Zufall, der Himmel Unschuld, der Himmel Ohngefähr ... Von Ohngefähr – das ist der älteste Adel der Welt, den gab ich allen Dingen zurück, ich erlöste sie von der Knechtschaft unter dem Zwecke"*. Und Montaigne, der redliche Skeptiker, schrieb anlässlich seiner Kur- und Kulturreise durch halb Europa 1580/81: *„Mein Reiseplan lässt sich beliebig teilen: (...) jeder Tag setzt ihm sein Ziel. Und mit der Reise meines Lebens halte ich es nicht anders"*.

Also, lautet die Maxime: wolle nicht alles im Voraus und über Jahre festlegen. Sei der Vorläufigkeit deiner Pläne stets eingedenk. Überpointiert: Lebe dem *„Prinzip des unzureichenden Grundes"* (Robert Musil) befreundet. Das wäre also das eine.

Zum anderen könnte man ja anfangen, dem Zufall und seinen Potentialen geradezu Türen und Fenster zu öffnen. Wie?

Aber natürlich. Denn so wie er uns im Leben zu Fall bringen kann, ebenso kann der Zufall uns aufrichten und uns ein wunderbares Widerfahrnis bescheren. Dazu haben wir aber unsere ablehnende Haltung ihm gegenüber zu ändern. Nicht töricht versuchen, ihm entkommen zu können, sondern umgekehrt gilt es, sich ihn *„zunutze zu machen, zuweilen ihn herbeizulocken, ihn selbst möglich zu machen"* – z.B. indem wir uns nach draußen begeben, auf die Straßen, unter die Leute und uns der Welt öffnen, kurz, uns aus der Deckung begeben. Seien wir dem Zufall *befreundet*, statt sich ihm zu verschließen. Befähigen wir uns dazu, uns vom Zufall zu neuem Tun ermuntern und überraschen zu lassen.

Tatsächlich geschehen Menschen, die sich selbst glücklich nennen (3), scheinbar zufällige Dinge, die ihnen helfen, sie weiter bringen und zum Vorteil gereichen. Der Psychologe Richard Wiseman (4) hat das empirisch untersucht. Er kommt zu dem Ergebnis, dass solche, die sich selbst Glückspilze nennen, offen für Neues sind. Jene aber, die sich selbst Pechvögel heißen, dagegen ein enges und festgefahrenes Lebenskonzept verfolgen.

Je offener man sich im Denken und Handeln zeige, desto glücklicher sei man, so der Psychologe! Wir verstehen das von Grund auf. Wiseman ließ folgendes Experiment durchführen. Die Versuchsteilnehmer sollten eine Zeitung durchblättern mit dem Auftrag, alle darin enthaltenen Fotos zu zählen. Es waren 43. Auf der zweiten Seite stand allerdings zu lesen: Hören Sie auf zu zählen! Es sind genau 43 Fotos in der Zeitung. Sämtliche Probanden übersahen das und achteten nur auf die Fotos. Zudem bemerkten sie eine halbseitige Anzeige nicht, die lautete: Hören Sie auf zu zählen! Sagen Sie dem Versuchsleiter, Sie haben die Anzeige gelesen – und kassieren Sie 100 Pfund Belohnung dafür!

Die Moral von der Geschichte können wir uns selbst geben: Wer sich zu sehr auf eine Aufgabe, ein Ziel, eine Methode fixiert, übersieht Vieles am Wegesrand. Und so manches davon könnte höchst bedeutend sein! Herumschnuppern, Flanieren, neugierig sein, Abwechslung suchen, Verweilen: alles dies schafft Raum für das Überraschende.

Selbst im zunächst negativ Erfahrenen kann das Bessere zum Vorschein kommen. In dieser Weise äußert sich jedenfalls

Montaigne, dass *„die besten Dinge im Leben dann passieren, wenn man nicht das bekommt, was man sich vorstellt".*

Also lautet die zweite Maxime: Gib dem Zufall eine Chance, dass er in dein Leben treten kann und Gutes tue.

Halten wir fest: Zufalls-Glück hat mit Glück nicht viel zu tun. Es möchte doch dauerhaft sein und uns tragen auch in schwerer Zeit. Und dennoch hat die Figur der Fortuna zweieinhalb Jahrtausende Denken und Fühlen des europäischen Menschen mitbestimmt, nicht zu seinem Besten!

Vom Jenseits-Glück

Die folgende Spielart von Glück prägte das Abendland nicht weniger als das Zufalls-Glück. Sie lud Glück religiös auf und quartierte es für viele Jahrhunderte um ins Jenseitig-Göttliche. Wir verdanken diese *wirkmächtige Variante* von Glück dem Vater der abendländischen Philosophie, Platon, einem Sohn der Polis Athen und Sprössling der städtischen Aristokratie.

Nach Platon sei Glück Folge einer *harmonischen Verfassung* des Menschen. Wie? Behaupte ich nicht Ähnliches? Was ist denn gelingende, positiv resonante Selbstbeziehung, die mich befähigt, mit mir befreundet zu sein, anderes als Ausdruck eines harmonischen Selbstes?

Glücklich sei, so Platon, wer „gut", d.h. tugendhaft lebe. Erinneren wir uns an die platonischen Kardinaltugenden, die der Tugendhafte in sich vereinige: Weisheit, *sophia;* Tapferkeit, *andreia*; Besonnenheit, *sophrosyne,* und, alle drei überformend, Gerechtigkeit, *dikaiosyne*, weshalb der vollkommen Tugendhafte auch der Gerechte sei. Er lebe in größtmöglicher seelischer Harmonie und Selbstübereinstimmung (5).

Wie gelangt der Mensch aber zur Gerechtigkeit im platonischen Sinne? Durch die Betrachtung und Nachahmung, d.h. das Denken der göttlichen Gegenstände, der Ideenordnung, jener Urbilder, die den Weltdingen zum Grunde liegen sollen als deren Seins- und Erkenntnisgrund. Diese Ideen habe der Gerechte im Leben zu „imitieren" (6). Glück sei also das Anschauen dessen, was im eigentlichen Sinne *ist*. Die Betrachtung des Alls in seiner göttlichen Ordnung.

Aber das sei noch nicht alles. Was er, der Philosoph, denkend anschaue, was er durch den göttlichen nous (= die Vernunft) in ihm vernehme, seien nicht nur die Ideen, sondern auch die Idee aller Ideen, der höchsten Idee: der *„Idee des Guten"*, der *idea tou agathou,* das Göttliche selbst.

Bei Platon beginnt eine Auffassung sich Bahn zu brechen, die erst bei Hegel ihren Endpunkt findet, dass nämlich das Philosophieren der Akt einer Ekstase, einer größten Anstrengung der Vernunft sei, der sich im Ergreifen des Göttlichen vollende. Wohlgemerkt: Erst in dieser möglichen Vollendung sei die menschliche Seele in ihrem Harmonie-Maximum angelangt und somit im wahren Glück.

Diesen Zustand, durch Einsicht errungen, könne aber nur den Wenigsten zu Teil werden. In Gänze wohl niemandem. Philosoph sein heiße ja, nach Weisheit zu streben. Dessen war sich Platon bewusst. So legte er immer Nachdruck auf den Vorgang des Strebens, der Hinwendung zum Göttlichen, das Glück verheiße.

Ziel der denkenden Anstrengung war ihm die Einheit der „Seele" mit einer Sicherheit im Handeln und Gewissheit im Erkennen vermittelnden göttlichen Ordnung oder, wie wir im Dialog „Theitetos" lesen: in der *„Verähnlichung"* (176A) mit dem Göttlichen.

Was von erheblicher ideengeschichtlicher Tragweite ist: Bei Platon wird eine bestimmte metaphysische, den Menschen aus den Grenzen des Irdischen lösende Auffassung von Denken, Wahrheit, Ethik, Glück und ihrem Bezug zum Göttlichen unzertrennlich gemacht, eine Auffassung, die das Christentum von Platon übernahm und so bis in unsere Tage *tradiert*.

Göttlich sei eine erschaubare, denkbare *Ewigkeits-Sphäre*, von der her sich die irdische Werdenswelt – von einem Demiurgen nach Vorlage der Ideen geschaffen – verdanke und begreiflich werde. Diesen „Seinsbereich" des Göttlich-Ewigen in Gestalt ewiger Formen, Ideen genannt, könne der Mensch qua seiner Vernunft (selbst göttlicher Abstammung) anschauen bzw. denken.

Nun wohl: Hier vollzieht sich die für die Geschichte des Abendlandes wesentliche *Trennung* von *Ewigem* und *Zeitlichem*. Damit verbunden eine niemals müde gewordene Abwertung des Zeitlichen gegenüber dem gedachten Ewigen. Zugleich aber finden wir in dem platonischen Gedanken die Auffassung enthalten, dass der Mensch als vernünftiges Wesen gar nicht getrennt ist vom göttlichen Sein, sondern an ihm teil habe, und dies schon im endlichen Leben aufgrund seiner Vernunftnatur.

So hat der Mensch in der platonischen Tradition kraft seiner conditio humana teil an zwei Seinsordnungen, der ewigen ebenso wie der zeitlichen. Und ersterer könne er sich jederzeit durch eigene Anstrengung nähern. Von dieser Voraussetzung verabschiedet sich das *Christentum*. Das ist vielen nicht klar. Nach ihm sind wir von unserem essentiellen Sein *entfremdet* durch den Sündenfall, weshalb es der göttlichen Gnade, der göttlichen Erlösung und des göttlichen Vermittlers *notwendig bedarf,* damit der Mensch zu Heil und Glück gelange!

Ähnlich wie sein Lehrmeister Platon dachte auch sein größter Schüler Aristoteles, der als gebürtiger Makedone und zeitweiliger Lehrer Alexander des Großen zeitlebens in Athen beargwöhnt wurde (7). Glück, so lehrte Aristoteles, realisiere sich in *der* Tätigkeit, die dem Menschen die *„gemäßeste"* und also *„beste"* sei, die sein *Wesen* ausmache, kurz, dem *Denken.*

Das Denken sei die Tätigkeit, in der sich der Mensch am vollkommensten verwirkliche. Damit sei sie zugleich die *„glücksrelevanteste"* menschliche Aktivität. Es ist das Tun des *bios theoretikos,* der theoretischen Lebensführung. Allerdings sind ihm, Aristoteles, im Gegensatz zu Platon, materielle, soziale, emotionale und sinnliche Erfahrungen im Glücksbezug nicht unwichtig. Das unterscheidet ihn von Platon.

Aber was denkt denn dieses Denken? Darüber sind wir bereits im Bilde. Wie bei Platon das Göttliche, Ewige. Was die menschliche Vernunft deshalb vermöge, weil sie als menschliche der göttlichen entstamme. Diese denkende Schau des Göttlichen, nicht christlich zu verstehen als Glaube an einen persönlichen Gott und das Kopfzerbrechen über ihn, sondern vielmehr als Denken der *ersten Prinzipien* alles Seienden: des Möglichen, Wirklichen und Notwendigen; von Bewegung, Raum und Zeit. Vor allem von Bestimmungen des Göttlichen als dem ersten unbewegten Beweger selbst und des Ganzen des Kosmos.

Diese Tätigkeit, das Philosophieren also, sei schlechthin in sich selbst genügsam, unabhängig von unseren Weltbezügen und wahrhaft *dauerhaft* ein Leben lang zu verrichten (8), weshalb es das vollkommenste Tun des Menschen sei und deshalb ins *Glück* führe.

Verstehen wir das nur recht: Was Glück sei, wird bei Platon und Aristoteles dadurch festgelegt, dass die *Ordnung* des wahrhaft *Seienden* erkannt und die *Stellung* des Menschen im Ganzen des Kosmos bestimmt wird. Die These beider lautet also, dass zum Glück des Menschen nur etwas Substanzielles auszusagen sei, wenn man seine Stellung im Ganzen ausgemacht habe. Dazu fühlen sich beide Denker im Stande. Ins Glück gelange der Mensch, in dem er seine vorgegebene und einsehbare Bestimmung im Ganzen realisiere, seine ihm *wesentliche* Lebensweise vollziehe: nämlich die Kontemplation bzw. das Denken als Schau des Göttlichen, das für Aristoteles selbst reines und sich selbst betrachtendes Denken war. So sah Aristoteles menschliches Glück realisiert in der vollendeten Verwirklichung jener Rolle, die dem Menschen innerhalb einer metaphysisch gedachten, teleologisch geordneten Welt aufgrund seines Wesens zukomme.

Nach Platon und Aristoteles sind wir im Glück, wenn wir in jeder Hinsicht, äußerlich und innerlich, in dem Zustand weilen, der uns von der kosmischen Ordnung angewiesen ist. Denken als Kontemplation des Immerseienden ist also nicht nur Erwerb von Einsichten, sondern vor allem ein Tun, eine Praxis, die in einem ausgezeichneten Sinne beglückt.

Aber behaupte nicht auch ich, dass Glück etwas mit einem *Gelingen* zu tun habe, das uns Menschen *wesentlich* ist. Dies Gelingen reicht in vier Dimensionen hinein, die unseren Selbstbezug betreffen (vier Glücksquellen). Während aber Platon und Aristoteles das spezifisch Menschliche in die Vernunfttätigkeit verlegen, Wahrheit und Glück aneinander koppeln und das Ganze des Alls zu wissen vorgeben, bemühe ich mich um eine konsequent *irdische* Sicht des Humanen und lasse den Gedanken an das Wissen des Ganzen und die fatale Verbindung von Erkenntnis und Glück, wie Epikur schon, fahren.

Die Ansätze gleichen sich jedoch in der grundsätzlichen Auffassung, dass Glück mehr ist als subjektives Wohlbefinden oder ein bloßer Gemütszustand. Damit ist Glück hoffnungslos unterbestimmt. Wahrhaft glücklich ist deshalb bei Aristoteles nur jener Mensch, der aufgrund seiner frei gewählten *Lebenspraxis* mit der menschlichen Bestimmung im Ganzen des geordneten Kosmos (9) *übereinstimmt* und sich dergestalt vervollkommnet. Mir scheint, dass auch in meinem Versuch über Glück ein solcher Gedanke enthalten ist. Jedenfalls die Idee eines Gelingens, die mit der Idee einer Vervollkommnung dessen, was der Mensch aus sich machen kann, korrespondiert (10). Zurück zu Platon.

Sein Begriff der denkenden Anstrengung, die ins Glück führe, ist der der *paideia.* Wir können ihn mit Erziehung oder Bildung grob übersetzen. Mit ihm ist unverbrüchlich die *antike Überzeugung* verknüpft, dass der Mensch aus eigener Kraft ins Glück gelangen könne, auf dem Weg der paideia also, jener philosophischen *Lebenspraxis,* die nichts anderes bedeutet als die *Selbstformung* und *Selbsterziehung* des Menschen im philosophischen Denken.

Diese Überzeugung findet seinen begrifflichen Niederschlag in jenem Wort, das für antikes Glück steht, die *eudaimonia.*

In vorphilosophischer Zeit verstand man darunter ein „gutes Schicksal", eutychia, günstige Umstände in einem religiösen Kontext freilich. Man war mit einem guten Dämon verbunden, oder man sagte auch, dass die Götter einem wohl gesonnen waren und beistanden, so bei Hesiod und Pindar bezeugt.

Menschen im Glück erkannte man an ihren Lebensumständen. Sie waren gesund, wohlhabend, einflussreich, womöglich kinderreich und starben im hohen Alter. Eudaimonia war Resultat wohlwollender Zuwendung der Götter.

Dieser Vorstellung des Herkommens erteilte Heraklit erstmals eine Absage. Er löste den Begriff aus dem religiösen Kontext und dachte ihn in neuer Bedeutung. Der gute Dämon sei tatsächlich mit dem *ethos* des Menschen verknüpft, d.h. seinem Lebenswandel bzw. seiner *Lebenspraxis* – eine Auffassung, die noch immer die unsere ist (11).

Mit dieser begrifflichen Neufassung wurde das Glück der schicksalhaft wirkenden Göttermacht entrissen und den Menschen übereignet, es zu erlangen durch *Selbstarbeit*.

Jedoch wurde diese Auffassung, kaum entdeckt, bald schon durch eine andere, wirkmächtigere kassiert und für viele Jahrhunderte beinahe dem Vergessen ausgeliefert – mit den weitreichendsten Folgen nicht nur für den europäischen Menschen. Von jener Grundvoraussetzung aber, dass der Mensch über Fähigkeit genug verfüge, aus sich, d.h. aus Sicht der Philosophen, Kraft seiner praktisch werdenden philosophischen Anstrengung, ins Glück gelangen zu können: davon wich keine griechische Philosophenschule ab.

Freilich verstanden die meisten antiken Denker diese Anstrengung im Letzten als Hinwendung zum Göttlichen. Aus dieser Reihe tanzten allerdings sowohl die Kyniker, eine von den Sokrates-Schülern Antisthenes und Diogenes begründete Schule, die eine Ethik der Bedürfnislosigkeit propagierten, als auch Aristippos – zu ihm gleich – und ebenso Epikur – zu ihm dann weiter unten.

Jene von Platon inaugurierte Glücksvariante, die Glück und Göttliches unzertrennlich machte, wurde vom Christentum bereitwillig übernommen und weitergeführt, freilich unter *neuen Vorzeichen*. Nun wurde das unpersönlich Göttliche *erstens* geschichtliche Person, und diesem Mensch gewordenen Gotte, bekannte und lehrte man nun, habe sich der Christ *zweitens* nicht denkend, sondern glaubend zuzuwenden, um sich ihm im irdischen Leben *anzunähern: „ad deum reditus"*, schrieb Augustinus, zu Gott zurückkehren.

Wohlgemerkt: Nur Gott als das schlechthin Verlässliche, Ewige, Unveränderliche, jener Gottvater, der den Menschen als auf sich hin strebend erschaffen habe, könne Quelle dauerhaften Glücks sein. Stellvertretend für alle christliche Theologie schrieb Robert Spaemann noch jüngst, nicht anders wie Augustinus im fünften Jahrhundert: *„Vereinigung mit Gott"* sei die wahrhafte Formel für Glück.

Drittens aber, und damit ist die entscheidende christliche Neujustierung markiert: Nun bedurfte der Mensch gemäß Paulus, des Stifters der neuen Religion, aufgrund seiner *wesensmäßigen Verderbtheit* der Gnade Gottes zu seinem Heil und Glücke. Menschliche Sündhaftigkeit und Gottes Gnade verwiesen *zwingend* aufeinander.

Die antiken Griechen lebten noch diesseits eines Selbstverständnisses, das sich im Begriffspaar von Sünde und Gnade ausdrückt (12). Deshalb war der antike Mensch sich selbst gegenüber *selbstmächtiger* als der christliche. Einer, der das sehr klar gesehen hat und darüber zutiefst erschrak, weil er begriff, dass zwei Jahrtausende Menschheitsgeschichte zu überwinden waren, trägt den Namen Friedrich Nietzsche.

Glück war dem Menschen verwehrt aufgrund seiner *selbstverschuldeten Gottferne*. Im Römerbrief 7,18 zeichnet Paulus ein Menschenbild, das hundert Menschengenerationen dabei schwächte, ein mutiges und selbstverantwortliches Leben aus eigener Kraft zu leben und dabei zugleich der Kirche auslieferte. *„Ich weiß, dass in mir, das heißt in meinem Fleisch, nichts Gutes wohnt: das Wollen ist bei mir vorhanden, aber ich vermag das Gute nicht zu verwirklichen"* – nicht ohne die Hilfe göttlicher Gnade vermittelt durch die heilige Kirche.

Vom Kirchenvater Ambrosius (13), der lehrte, der Mensch könne nicht aus eigener Kraft glückselig werden, bis auf unsere Tage hinab währt die christliche Falschrede. Jüngst zu hören bei Peter Schallenberg. Kein Mensch, verkündet der katholische Gotteskenner, käme ins Glück *„durch eigene vergebliche und sich verstrickende Anstrengung, sondern befördert und befähigt durch die zuvorkommende Gnade und Liebe Gottes"*. Wen wundert es da, dass heute in säkularisierten Zeiten der Mut und die Fähigkeit, von selbst ins Glück aufbrechen und gelangen zu wollen, so wenig ausgeprägt ist. Die griechische Überzeugung, dass der Mensch sein Glück selbst besorgen könne, wurde im christlichen Verständnis als Trotz gegenüber Gott und menschliche Überhebung fallen gelassen.

Zugleich kam es *viertens* zur expliziten *Abwertung* irdischer Zustände, also auch jener irdischen Bejahungsformen, die heute hoch im Kurs stehen. *„Hienieden heißt man uns zwar glückselig, wenn wir Frieden in dem bescheidenen Maße besitzen, wie er hier bei guter Lebensführung besessen werden kann. Aber diese Glückseligkeit ist verglichen mit jener, die wir* *endgültig nennen, nichts als Elend"*, so der heilige Augustin. Folgerichtig interpretierte der große Mann das Erdenleben um in ein betrübliches *Jammertal,* das als *Pädagogikum* vom Menschen nur zu durchschreiten sei, um sich zu Gott hinauf zu läutern. (Man lese die Ausführungen zur 35. und 36. Frage in Augustinus` früher Schrift: „Dreiundachtzig verschiedene Fragen".) An ihm selbst war ihm nicht mehr gelegen.

Für den Nachfahren paulinischer und augustinischer Gotteskunde, Blaise Pascal, war das irdische Menschenleben als solches hoffnungslos *traurig*. Nur Gott vermochte ihm Licht zu geben. Das ging so weit, dass der katholische Franzose jeden, der nicht glaubte, für wahnsinnig hielt und eigentlich im Leben schon tot (14).

Aber wir müssen *fünftens* etwas Weiteres in Rechnung stellen, das sich durch das Erscheinen des Christentums wesentlich verschoben hat. Wir haben des Tatbestandes zu gedenken, dass dies christliche Glück im Gottesbezug in erhoffter und geglaubter *Zukünftigkeit* liegt. Es ist ja nur erst ein versprochenes Glück, ein erhofftes, ein belohnendes Glück (15) – kein gegenwärtig erlebbares, *„sondern* (Christen, d. Verf.) *erwarten es als Künftiges, und dies mit Geduld"*, so Augustinus (16).

Dichtete der jüdische Erzketzer Heinrich Heine nicht lustig, den Himmel solle man doch endlich den Engeln und Spatzen überlassen?

Der Vorstellung einer gewissen Vollständigkeit geschuldet, führe ich hier die begriffliche Unterscheidung zweier uns schon geläufiger Glücksarten an, die von Thomas v. Aquin stammt (17). Diese, die irdische, beatitudo imperfecta genannt, das unvollkommene Glück, gehe auf das irdische Sein zurück. Da aber alles Irdische vergänglich, trügerisch und flüchtig sei, käme dies Trügerische auch dem Glück dieser Seinssphäre zu. Von diesem hätten wir das vollkommene Glück, die beatitudo perfecta bzw. felicitas, zu unterscheiden, eine Glücksform, *"die der Endlichkeit nicht ausgeliefert ist"*, so der zeitgenössische Theologe Spaemann. Aber, sehr bedauerlich, fiele es dem Menschen erst im zukünftigen Leben als Gnadengeschenk Gottes zu. Der Ideengeschichtler Maximilian Forschner spricht in diesem Zusammenhang explizit von einer *"Theologie des Glücks"*, eines Glücks *"ewiger Dauer"*, die mit einer Konzeption irdischen Glücks nichts zu tun habe, weil sie unerreichbar im Leben sei.

Dessen ungeachtet könne sich jedoch der Gläubige im vernünftigen und glaubenden Anschauen Gottes, so der heilige Thomas, schon im irdischen Leben dem jenseitigen Glück gewissermaßen unendlich annähern und sich Gott verbunden fühlen. Diese Annäherung sei des Menschen *Endzweck,* worin er sein *Vollgenügen* fände. Das ist gut aristotelisch gedacht, bloß dass der eine das unpersönliche Göttliche dachte, der andere einen persönlichen Gott glaubte und dachte.

Schließlich gipfelt diese Auffassung in der Aussage des Christgläubigen: Seinen letzten Zweck, Schauung und Erkenntnis Gottes, Glückseligkeit in Gott *nicht zu wollen*, das sei dem Menschen ganz *unmöglich!* Ausgezeichnet. Es sei eben unsere „Natur", die so strebe. Wie aber mit einem umgehen, dem das Menschen-Unmögliche, das scheinbar Widermenschliche dennoch möglich war und ist? Oben war von *Zwangsbeglückung* die Rede. Wir stehen hier an der Quelle schwerer *Verbrechen* gegen die Menschheit, über Jahrhunderte praktiziert im Namen einer sich absolut setzenden geglaubten Wahrheit, deren gute

Botschaft, die Liebe, von der dogmatischen Lehre kassiert wurde.

Fassen wir zusammen: Diese zweite, platonisch-christliche Spielart von Glück ist ein religiös-metaphyisches oder einfach Gott bezügliches Glück. Es zeichnet sich durch eine *„maximalistische Tendenz"* aus und mutet konstruiert, erdacht und unerfüllbar an. Es wirkte entscheidend mit bei der Verdunklung und Verwirrung des Glücksbegriffs und zog Erwartungen und Hoffnungen groß, die jedenfalls im Leben nicht zu erfüllen waren. *Funktion* dieses Ideal-Glücks in der christlichen Geschichte war die gewollte Abwertung des irdischen Daseins. Sie ängstigte das Streben nach einem menschlichen Glück und schwächte die Fähigkeit nachhaltig, in es zu gelangen.

Vom Haut- und Gaumen-Glück

Ebenso alt wie die zweite Spielart von Glück, ist diese dritte – der zweiten zugleich über die Jahrhunderte ständiger Gegenentwurf. Und obschon diese Glücksform der Lustempfindungen aus Unkenntnis und bösem Willen Epikur zugeschrieben wurde, geht es tatsächlich zurück auf seinen Vorläufer Aristippos von Kyrene (ca. 435-350), den Begründer der kyrenaischen Schule, ebenfalls Schüler des Sokrates wie sein erklärter Antipode Platon.

Ein Autor, der gewiss nicht im Verdacht steht, Epikur positiv zu überzeichnen, äußerte sich schon früh kritisch zu jenen, die den gelassenen Mann und großen Aufklärer einen Prasser und Lüstling nannten: *„Sie bemerken gar nicht, wie nüchtern und trocken der Lustbegriff Epikurs eigentlich ist"*. Diesen Satz schrieb niemand anders als der römische Politiker und stoische Philosoph Seneca.

Aber wenden wir uns dem wahren Gründer dieser hedonischen Lebenslehre zu, Aristippos also, der lehrte, dass Lust nicht nur wertvoll, sondern das höchste Gut sei. In dieser Spielart wurde irdisches Wohlfühlen Gegenstand heftiger philosophischer Polemiken, die bis in unsere Tage reichen. Noch in den Auffassungen von Lust, Lustbefriedigung und dessen Verhältnis zum Glück bei Kant, Schopenhauer und Freud ist diese Kontroverse anwesend. Das muss man wissen, um sie gut zu verstehen.

Dass Lusterleben angefeindet wurde, war freilich nicht immer und überall so. Ich erinnere hier nur beiläufig an die antike jüdische Vorstellung vom Paradies Dtr. 6,3 als *„dem Land, wo Milch und Honig fließen"*, einem irdischen Ort sinnlicher, ungestörter Freuden, vergleichbar dem Schlaraffenland oder dem Ort Zion, wo nach Ankunft des Messias mit Essen und Trinken das Fest des Lebens gefeiert werden sollte. Die Verachtung der Sinnenlust, einhergehend mit einer Sündentheologie, brachte erst das Christentum in die Welt.

Ich beginne mit zwei Überlegungen, die Aristippos´ These, Lust sei höchstes Gut, stützen sollen. Erstens: Für Aristippos ist ausgemachte Sache, dass nur *gegenwärtiges Erleben* wirklich sei. Nur wer in der Gegenwart weile, wer schmecke und taste, höre und sehe, lebe nach Aristippos in der Wirklichkeit. Wer sich aber dem Denken hingebe, stelle sich vor allem Abwesendes vor, und er schweife in Vergangenheit und Zukunft ab. So geschähe es allen, wenn sie planten, für den nächsten Tag vorsorgten, sich vergangener Freuden oder Leiden erinnerten oder sich im Hoffen und Fürchten in die

Zukunft entwürfen. Deshalb zog Aristippos auch die körperlichen Lüste den psychischen gegenüber vor. Mentale Freuden wie das Entwickeln von Ideen, abstraktes Denken, das Umherschweifen in Erinnerungen oder z.B. Vorfreude begriff der Hedoniker als abgeleitete, sekundäre Lustarten, die ursprünglich und letztlich auf körperliche Lustempfindungen zurückgingen.

Zweitens: Aristippos deutete Lustempfindungen als eine natürliche, ganz ursprüngliche *emotionale Wertung.* Das kennen wir auch schon. Lebendige Wesen suchen Lust und nicht Unlust, weil es ihr Wohlergehen steigert. Damit legte Aristippos eine Theorie der Gefühle als eine ethische Theorie vor, in der Gefühle als Bewertungsinstanz fungieren, um menschliches Handeln und Entscheiden zu leiten. Heute beziehen wir diese Einsicht vor allem auf das Verhalten unserer Mit-Tiere (18).

Einige prominente Stellen bei Platon (19) formulieren nun die radikale *Gegenposition:* Lust sei im Grunde wertlos, geschweige denn das höchste Gut. Wie das? Zu Beginn seiner Argumentation erklärt Platon sinnliche Begierden zu Schmerzen. Sie seien Ausdruck eines Mangel an etwas und würden damit als unangenehm empfunden. Nach dieser Definition kann er zeigen, dass *Lust* als Kennzeichen der Beseitigung dieser Mängel nichts anderes sei als der Übergang eines Mangelzustandes zu Schmerzfreiheit. Nahrungsaufnahme gliche dann etwa der lustvollen Beseitigung von Unlust, ein Vorgang, der jedoch in dem Augenblick gegenseitiger Neutralisierung, dem Zustand der Schmerzfreiheit, ende, in dem beide, Unlust und Lust, zugleich aufhören zu sein. Lust würde so mitten auf ihrem Höhepunkt erlöschen.

Mehr noch: Dies erstrebte Zusammenfallen riefe eine Leere hervor, in die bald schon ein neues Bedürfnis vorstieße. Aufgrund dieser fatalen *Mechanik* würde niemals ein mehr als augenblicklicher, mangelfreier Zustand erreicht durch die Befriedigung von Unlust = Lust, sondern stets nur ein lästiges Gefühl kurzfristig beseitigt.

Ferner sei der Lustspielraum äußerst begrenzt (20), der Menschen Bedürfnisse aber grenzenlos. In der Lust erfahre sich der Mensch abhängig von Naturzwängen, die ihn von seinem Eigentlichen entfremden. Lust sei dem steten Wechsel unterworfen und niemals rein, weil der Unlust verschwistert. So könne Sinnenlust nach Platon niemals ins wirklich Wertvolle vordringen. Deshalb habe Lust auch nichts mit Glück zu tun, dem schlechthin Positiven und Erstrebenswerten.

Bei Seneca heißt es an einer Stelle, in der er Platon beispringt: Selbst das erbärmlichste Leben biete Lust. Damit wäre erwiesen, dass Lust nicht nur nicht höchstes Gut, sondern in sich *„sklavisch, niedrig, schwächlich"* sei, *„fest beheimatet in Bordellen und Schenken"* (21).

Halten wir fest: Während für Aristippos Lusterleben höchster Wert ist, ist es für Platon nur Indiz einer Mangellage – ganz abgesehen von den realen Gefahren, die mit ihm einhergehen können, dazu gleich.

Zweitausend Jahre später positionierte sich ein anderer Meisterdenker zu dieser Streitsache, nämlich Immanuel Kant. Hören wir, was er zum Thema beigetragen hat. Nach Kant sei Glück *„Genuss"* oder *„die Befriedigung aller unserer Neigungen (...) der Dauer nach"*, d.i. der Zustand eines Menschen, dem es, *„im Ganzen seiner Existenz, alles nach Wunsch und Willen geht..."*. An anderer Stelle sei Glück das Bewusstsein *„von der Annehmlichkeit des Lebens, die ununterbrochen sein ganzes Dasein begleitet"*. Und noch einmal woanders: *„Was das Leben* *für einen Wert habe, wenn dieser bloß nach dem geschätzt wird, was man genießt (dem natürlichen Zweck der Summe aller Neigungen, der Glückseligkeit) ist leicht zu entscheiden. Er sinkt unter Null'.*

Kann der große Aufklärer diese Sätze wirklich ernst gemeint haben? Wir müssen versuchen herauszufinden, ob nagendes Zahnweh oder quälende Übelkeit als Eltern dieser glorreichen Ansichten zur Verantwortung gezogen werden müssen, um Kant zu entlasten. Aber der Reihe nach.

Glück sei *Genuss*, hören wir zunächst. War Kant Nachfolger des Aristippos? Mitnichten. Wie kommen wir dann aber auf einen grünen Zweig des Verstehens? Es ist gar nicht schwer. Kant dreht den Argumentationsspieß nur in eine neue Position.

Glück, legte er fest, sei erstens *Befriedigung* unserer *Neigungen*, zweitens *dauerhafte* Befriedigung unserer Neigungen und drittens dauerhafte Befriedigung *aller* unserer Neigungen. D.h. es handelt sich bei Glück um ein absolut Ganzes, ein *„Maximum des Wohlbefindens jetzt und in alle Zukunft"*. Ausgezeichnet!

Man muss die Messlatte nur hoch genug legen, damit niemand mehr darüber springen kann, und schon ist die Unmöglichkeit irdischen Glücks philosophisch erwiesen! Man definiere: *Befriedigung aller unserer Neigungen* auf *Dauer,* d.h. *in alle Zukunft,* nichts anderes sei Menschenglück. Freilich ist das eine Unmöglichkeit. Nicht nur, weil, wie schon oben erwähnt, niemals alle unsere Wünsche zu befriedigen sind, sondern auch deshalb, weil der Mensch nie und nimmer weiß, was er schlussendlich und mit Sicherheit wirklich wolle und wozu er neige. Niemand kennt sich ganz, er müsste außerhalb seiner selbst stehen. Zudem ändern Erfahrungen ständig das Selbst-Wissen.

Wenn aber zum Glück ein absolut Ganzes gehörte, ein Maximum des Wohlbefindens jetzt und in alle Zukunft, die Erfahrung aber unabsehbar ist und dies Ganze auf immer verhindert, *dann* ist also damit die Unmöglichkeit eines dauerhaften irdischen Glücks nachgewiesen und zugleich die Vergeblichkeit, nach einem solchen Streben zu wollen.

Wen eigentlich meint der Königsberger Großphilosoph, habe er damit über den Leim gezogen? Irdisches Glück sei mithin ein Messer ohne Griff, an dem die Klinge fehle: eine groteske Unmöglichkeit.

Aber Kant weiß freilich noch von einem anderen Glück, das er in seinem Begriffskoffer parat hat. Eines, das in der platonisch-christlichen Tradition tief verwurzelt ist und über das er herzergreifend spekuliert. Bloß dass er für dies andere Glück, dem wir „dereinst" teilhaftig werden können, ein jenseitiges also, das jenen allen winke, die sich auf Erden sittlich wacker schlagen, kein anderes Wort bereit hält als für das profan irdische. Beides heißt in seinem Sprachgebrauch „Glückseligkeit." Das hat zu nachhaltiger Verwirrung beigetragen. Dem „anderen" Glück bescheinigte die Königsberger Berühmtheit, dass es, ganz im Gegensatz zum irdischen, *„Unabhängigkeit von Neigungen und Bedürfnissen"* sei und einen *„himmlischen Belohnungszustand"* vorstelle, auf den Menschen, die ein Leben lang ihre sittliche Pflicht erfüllten, hoffen können müssen.

Kant sagte über sich selbst, er habe den Raum des Wissens begrenzt, um dem Glauben seinen gebührenden Platz zu verschaffen. Wesentliches Bestandsstück dieses Vernunft-Glaubens war jenes ideale kantische Glück. Es war Kants innerste Überzeugung: wenn es schon nicht in der Welt gerecht zugehe, müsse doch nachträglich für Gerechtigkeit gesorgt werden. Wo denn? In einer der irdischen Sittlichkeit „*proportinonierten Glückseligkeit* (in himmlischen Sphären, d. Verf.), *als Folge derselben*". Wenn Gott auch nicht bewiesen werden könne, Schrankenziehung der Vernunft, so müsse er doch als Postulat der praktischen Vernunft *gedacht* werden, weil nur mit seinem Begriff die denknotwendige Garantie verbunden sei, dass allen Tugendhaften, denen das Leben selbst wenig Anlass zur Freude geboten hat, nach ihrem Ableben ihr gerechter Verdienst vergolten werde (22).

Schopenhauer, der weltberühmte Glücksverächter und selbsternannte Schüler und Nachfolger Kants, kehrte in seiner Lustlehre zu Platon zurück. Was aber das Glück anbelangt, argumentierte er kantisch. Sehen wir näher hin.

Für Schopenhauer alias Platon ist Lust die Beseitigung von Bedürfnissen und Begierden, Schmerzbefreiung also. Nur dass Platon diese so verstandene, sagen wir ruhig hübsch abgewertete Lust nie und nimmer mit dem Begriff des Glücks zusammenbringen konnte, welches Platon seinerseits himmelhoch schätzte. Zwischen dem platonischen Glück und der platonisch verstandenen Lust gähnt ein *Abgrund.*

Nicht so bei Schopenhauer. Er setzt sie – kantisch! – in eins. Das muss man begreifen! Die Sinnenlust mit Platon abwertend, identifiziert er zugleich mit Kant Glück und Befriedigung von sinnlichen Bedürfnissen. So fällt es ihm gar nicht mehr schwer, Glück weidlich verachten zu können: Als etwas im Grunde unfein Niedriges und vor allem stets nur Momenthaftes und deshalb als Dauerhaftes ganz Illusionäres. Sinnen-Glück währt ja nur kurz, dann stellt sich die vormalige vermaledeite Mangellage wieder ein. Hören wir Schopenhauer selbst. Im 4. Buch seines Hauptwerks „Die Welt als Wille und Vorstellung" lesen wir in § 57 ganz platonisch: *"Zwischen Wollen und Erreichen fließt nun durchaus jedes Menschenleben fort. Der Wunsch ist, seiner Natur nach, Schmerz: die Erreichung gebiert schnelle Sättigung: das Ziel war nur scheinbar: der Besitz nimmt den Reiz weg: unter einer neuen Gestalt stellt sich der Wunsch, das Bedürfnis wieder ein: wo nicht, so folgt Öde, Leere, Langeweile, gegen welche der Kampf ebenso quälend ist, wie gegen die Not"* (23). Oder: *"Alle Befriedigung, oder was man gemeinhin Glück nennt, ist eigentlich und wesentlich immer nur negativ und durchaus nie positiv."* Ein befriedigter Wunsch sei nichts anderes als ein behobener Mangel. Deshalb sei Glück lediglich reagierend: *"Befreiung von einem Schmerz"*. Tatsächlich sei Glück nur eine jeweils vorübergehende Illusion. Schließlich verschrumpelt und schnurrt „Glück" zu einem wahrhaften Nichts zusammen. Es sei tatsächlich nur *"Mangel an Redlichkeit"* und, ich darf das im Namen Schopenhauers ergänzen: Mangel an Intelligenz: *"Je enger unser Gesichts-, Wirkungs- und Berührungskreis, desto glücklicher sind wir: je weiter, desto öfter fühlen wir uns gequält oder geängstigt. Denn mit ihm vermehren und vergrößern sich die Sorgen, Wünsche und Schrecknisse."* Versteht sich, dass Schopenhauer keine zwei Tage im Leben glücklich war, bei dieser Geistesgröße! *"Jede Beschränkung hingegen, sogar die geistige, ist unserem Glücke förderlich. Denn je weniger Erregung des Willens, desto weniger Leiden: und wir wissen, dass das Leiden das Positive, das Glück negativ ist"*. *"Demgemäß wird die möglichste Einfachheit unserer Verhältnisse und sogar die Einförmigkeit der Lebensweise, solange sie nicht Langeweile erzeugt, beglücken"*. Amen.

Aber dabei bleibt es nicht. Weil Leben als Gestalt eines blinden, drängenden *Willens* und gemäß buddhistischer Lehre

„*wesentlich (...) Leiden*" sei, sei es unter diesen Vorzeichen auch nicht eigentlich da, um genossen, sondern um „*überstanden*" und „*abgethan zu werden*". Was uns Schopenhauer anrät, ist deshalb: Wenn man nun schon einmal dem Leben nicht entgehen konnte, so gälte es durchaus nicht, es zu ergreifen, sondern ihm klüglich „*milde ab(zu)sterben*".

Ausgezeichnet! Und obwohl der promovierte Misanthrop Menschenglück seiner Möglichkeit nach verneinte, ein Irrtum, wer es dennoch behaupte, der von Dummheit und Unvernunft zeuge, verfasste derselbe im fortgeschrittenen Alter eine Anleitung zum glücklichen Dasein, seine populären „Aphorismen zur Lebensweisheit". Eine Schrift, deren Gegenstand Glück er in der Einleitung von seinem „*metaphysisch-ethischen Standpunkt*", d.h. seiner verkündeten Philosophie entschieden ablehnt. Weshalb, erläutert er dem erstaunten Leser, der „*Wert*" seiner Schrift, die Aphorismen, auch nur ein „*bedingter seyn*" könne.

Da habe ich es doch leichter. Ich bin nicht verpflichtet, eine Not anzuzeigen, in deren Folge ich das, was ich als Mensch aus Haut und Haaren jetzt schreibe, *denunzieren* muss, gemessen an dem, was ich als Metaphysiker einmal geschrieben habe!

Geben wir es ruhig zu: Damit sind wir hübsch auf den Hund gekommen, wenn auch nicht auf des Pudels Kern. Der natürliche Zustand des Menschen, ein von seinen Begierden *getriebenes* Wesen, sei also das Unglücklichsein. Oder ist er nicht vielmehr, wie Viktor Ernst Frankl glücklich formulierte, ein von seinen Zielen *gezogenes* Wesen?

Ins gleiche Der-Mensch-sei-nichts-als-Triebwesen-Horn stößt auch Sigmund Freud, wobei er der Lust Positiveres abzugewinnen weiß als der zu spätem Ruhm gelangte Schopenhauer. Wie sehr Freud gleichwohl ein gelehriger Schüler Schopenhauers war, können wir an folgendem Zitat nachvollziehen. Ich zitiere die berühmte Stelle aus „Das Unbehagen an der Kultur": *„die Absicht, dass der Mensch `glücklich` sei, ist im Plan der `Schöpfung` nicht enthalten. Was man im strengsten Sinne Glück heißt, entspringt der eher plötzlichen Befriedigung hoch aufgestauter Bedürfnisse und ist seiner Natur nach nur als episodisches Phänomen möglich. (Jede Fortdauer einer vom Lustprinzip ersehnten Situation ergibt nur ein Gefühl von lauem Behagen; wir sind so eingerichtet, dass wir nur den Kontrast intensiv genießen können, den Zustand nur sehr wenig`*.)

So ist auch bei Freud der Stab über ein Glück jenseits des Lustprinzips gebrochen. Der Kulturpessimist muss aufgrund seines Trieb fundierten Modells des Menschen zu der wahrhaft deprimierenden Schlussfolgerung kommen: dauerhaft glücklich sein ist dem Menschen unmöglich, denn Triebbefriedigung, wir kennen das nun zur Genüge, rufe stets nur kleine zeitlich begrenzte Glücksmomente hervor, denen recht bald neue andrängende Bedürfnisse das Wasser abgraben.

Fassen wir zusammen: Glück wird in dieser Großvariante mit Lusterfahrung gleichgesetzt: so bei Aristippos, Kant, Schopenhauer, Freud - nicht jedoch bei Platon. Allerdings ist sie nur bei Aristippos etwas Positives, weil stets Vorhandenes oder leicht zu Beschaffendes.

Prägend wurde die Ansicht: Lust-Glück sei entweder nur episodisch Positives, so bei Kant und Freud, oder noch weniger, nämlich bloße Beseitigung von Mangel, also gar nichts Positives, so bei Platon und Schopenhauer.

Dem ungeachtet kennen sich die meisten von uns in dieser Spielart von Glück gut aus. Denken wir nur an unser letztes üppiges Abendessen in einem empfehlenswerten Restaurant, das wohlige Bad zum Feierabend, den letzten Konzertbesuch, den Kauf eines kostspieligen Kleidungsstücks oder schließlich an die Vergnügungen praktizierter erotischer Liebe mit wem und wie und in welcher Umgebung auch immer. Mit dem Aphoristiker Jaques Wirion könnte man auch prägnant und kurz sagen: es handelt sich hier um *„Haut und Gaumen*"-Glück.

Folgende Merkmale sind den Lustvergnügungen anzuhängen: Es ist herstellbar, leicht verfügbar und beliebig wiederholbar, jedoch nicht beliebig maximierbar. Es ist ferner episodisch, zeitlich begrenzt, nicht dauerhaft; punktuell bezogen auf einmalige sinnliche Weltaneignung. Schließlich ist sie verbunden mit lustvoller leiblicher Intensität (Genuss, Rausch), die unser physisches und psychisches Wohlsein *vorübergehend* steigern.

Die Ursache dieser Spielart von Bejahungserleben liegt *außer* uns in Gegenständen und Stoffen der Welt, die wir uns zuführen, oder an denen wir uns in unendlicher Vielfältigkeit vergnügen. Es ist nicht schwer, über dieser Glücksgestalt den Stab zu brechen: Sinnenlust ist ein Oberflächenphänomen unseres Bewusstseins, insbesondere dann, wenn Reiz an Reiz platziert wird und sich einander jagende Erregungszustände nach einander aufreihen wie Perlen an einer Schnur. Sie hinterlassen uns zumeist innerlich ebenso „flach" wie wir vor ihrem Genuss waren. Menschliches Leben kann reich an sinnlichen Reizen sein und dennoch erfahrungsarm, wie Hartmut Rosa feststellt, wenn die Erlebnisse bloß schwache Wertungen betreffen und nicht in eine biografische Resonanz übergehen.

In Genuss und Rausch eintauchen, birgt, wer wollte das leugnen, auch eine gehörige Portion Risiko, sowohl in psychischer wie physischer Hinsicht. Dann nämlich, wenn der Sinnenlust im Übermaß zugesprochen wird. Platon findet im Dialog „Gorgias" ein anschauliches Bild: das zügellose Leben gleiche einem Leben mit *„Krätze"*, der Mensch müsse sich immer kratzen, weil es juckt.

Der etwas ältere Zeitgenosse des Sokrates und Erfinder der Atomtheorie, Demokrit, schrieb uns Nachgeborenen ins Stammbuch: Übermäßiger Genuss erzeuge *„kurze Lust und lange Unlust"*, und Seneca mahnte seinen Freund Lucilius: *„Als deine ärgsten Feinde betrachte die Begierden, sie vor allem musst Du hinauswerfen: sie sind wie jene Räuber, die die Ägypter `Liebhaber` nennen, weil sie uns umarmen, um uns zu erwürgen"*. Schon recht.

Bleiben wir nur nüchtern und besonnen, auch im Angesicht unserer Lüste. Aber bange machen lassen von Leuten, die die Sinnenlust verachteten, das geht nicht. Stattdessen, schlage ich vor, sollten wir unsere Sinne kultivieren, um sie desto intensiver erleben zu können als einem *wichtigen Aspekt* unseres Dasein – meinetwegen stets Demokrits Hinweis eingedenk.

Lustempfinden ist auch Entzücken an Weltstücken, denen wir uns öffnen, an denen und zu denen hin wir uns entfalten. Und Genuss ist auch Freude an uns selbst. Den Wein lustvoll genießend, genieße ich ja auch mich, da ich mich genießend erlebe.

Halten wir fest: Sinnenlust ist *wertvoll,* wenn wir sie in Maßen kosten. Lustempfinden als Ingredienz von etwas anderem, Wertvollerem, das passt. Das höchste Gut selbst wird es allerdings nicht sein. Es ist eine Form menschlichen Wohl-

fühlens, nicht die Glücksform schlechthin wie Aristippos zu wohlwollend behauptete. Es ist aber herrlich integrierbar in jenes Bejahen, das ich Lebensglück nenne.

Vom Liebes-Glück, sehr knapp

„All you need is love, love, love is all you need", Beatles, 1967
„Niemals sind wir ungeschützter gegen das Leiden, als wenn wir lieben, niemals hilfloser unglücklich, als wenn wir das geliebte Objekt oder seine Liebe verloren haben", Sigmund Freud

Die nun folgende Bejahungsform gehört nach meinem Dafürhalten unbedingt in die begonnene Reihe. Es ist das Glück, das wir in menschlichen Beziehungen *zwischen Liebespartnern* erfahren, weshalb ich es schlicht *Liebes-Glück* nennen möchte.

Jedoch bemühe ich mich mitnichten, seinen großen Formenreichtum, sämtliche Aspekte, all die Seelenlandschaften auszubuchstabieren und nachzuzeichnen, die uns das Phänomen Liebe darbietet. Ich werde nicht über die erotische Liebe im speziellen, die Nächstenliebe, die Elternliebe oder z.B. die Liebe aus Sicht der Biologie handeln.

Mich interessiert die Liebesbeziehung hier nur im Hinblick auf die ihr innewohnende *explosive Dialektik* zweier radikal Entgegengesetzter. Das heißt, ich richte das Thema auf ihren existenziellen Brennpunkt aus, der in dem Zitat oben von Freud anklingt.

Das Hochgefühl, das wir in der Liebesbeziehung empfinden können, erscheint mir heute, um wieder Freud zu bemühen, als d a s *„Vorbild für unser Glücksstreben".*

Ich möchte zunächst die These aufstellen, dass wir, wenn wir lieben und geliebt werden, die höchste uns mögliche Form von *Daseinsbejahung* erleben. *"(...), welch Glück, geliebt zu werden/ Und lieben, Götter, welch ein Glück!"* ruft Goethe im Gedicht „Willkommen und Abschied" aus. Außerordentliche emotionale Dynamiken entstehen zwischen Liebenden. Davon unterrichten uns nicht nur Tageszeitungen, wenn wir von erschütternden Familiendramen lesen, die in verstörenden Gräueln eskalieren, sondern auch, wenn wir uns in die großen Dramen der Menschheitsgeschichte einlesen. Ich erwähne z.B. die großen griechischen Tragödien. Die „Medea" von Euripides etwa oder Aischylos` „Orestie", ein Rache- und Hingabespektakel menschlicher Leidenschaften: Agamemnon, der Heerführer im trojanischen Krieg, opfert Iphigenie, die eigene Tochter. Seine Ehefrau Klytämnestra lässt darauf den heimkehrenden Ehemann von ihrem Buhlen Aigisthos hinschlachten. Und der wiederkehrende Sohn, Orest, mordet zuletzt den Buhlen und die eigene Mutter. Dann erst erfolgt Entsühnung, das Ende sich überschlagender Gewaltakte. Diese Geschichten zeichnen Seelenlandschaften von Liebenden, die an ihrer Liebe leiden bis in den Wahnsinn und Mord hinein. Liebe wird dort geschildert als Grund von Untaten fürchterlichster Art. Deshalb, so C.G. Jung, musste die Liebe den Menschen als göttlich oder dämonisch erscheinen, *„als ein Werk der Aphrodite oder der Übermacht des Zeus ..."*. Bei dem norwegischen Menschenschilderer Knut Hamsun können wir in dem ebenso zarten wie traurigen Buch „Victoria" lesen: *„Die Wege der Liebe sind bestreut mit Blumen und Blut, Blumen und Blut."*

Woher, das scheint mir nun zu fragen nötig, woher rührt diese *beispiellose Emotionalität* in der Liebe? Warum kann die Liebe zugleich so beseligend und so zerstörerisch sein?

Gern wird von der Einheit zweier Iche in der Liebe geredet, in der der eine mit dem anderen gewissermaßen verschmilzt im Modus des liebenden Wir-seins. Und aus diesem Verschmelzen mit dem Geliebten heraus geschehe diese ungeheure *Ich-Steigerung,* Erfahrung *höchster Bejahung,* die wir als Liebes-Glück empfinden.

Es gibt eine Stelle in „Das Sein und das Nichts", Jean Paul Sartres Hauptwerk, die das meiner Ansicht nach meisterlich beschreibt: *„Während wir, bevor wir geliebt wurden, beunruhigt waren von dieser ungerechtfertigten, nicht zu rechtfertigenden (...) Protuberanz (*Begriff aus der Astronomie: aus dem Sonneninnern aufschießende Gasmassen, d. Verf.*), die unsere Existenz"* ist, *„während wir uns als `zu viel` fühlten, fühlen wir jetzt, dass diese Existenz in ihren kleinsten Einzelheiten" (...) „unendlich bejaht und vom Zufall erlöst"* wird. *„Das ist der Grund für die Liebesfreude, wenn sie existiert: uns gerechtfertigt fühlen, dass wir existieren"* (24). Das heißt: Wir fühlen uns in der Liebe auf eine Weise ganz und gar, auch mit unseren Schwächen und Unzulänglichkeiten, die wir an uns selbst unerbittlich als Mangel entlarven, *gerechtfertigt,* und das heißt *unbedingt bejaht.* Halten wir das einmal fest.

Nun möchte ich sehr sachlich und auch ein wenig naiv fragen: wo liegt die Ursache dieses grenzenlosen, unsagbaren Glücksgefühls, das uns steigert, uns überschwemmt und in den siebten Himmel hebt? Die Antwort lautet schlicht: *außer uns!* Im Anderen.

Wir empfangen dies Glück vom Anderen her. Er oder sie schenken es uns. Wenn ich so sagen darf: Wir *erleiden* dies Glück als *Passive*. Ich spreche deshalb von der Liebe als einer Passion, einer Wirklichkeit, in der Menschen sich fremd bejaht so wunderbar gerechtfertigt erleben.

Fremdbejahung, d.h. die Bejahung, die uns von einem Außeruns ereilt, ist die Quelle dieser einzigartigen Gefühle. In der Liebe geschieht es, dass eine Person – so der poetische und intellektuelle Lehrer Camus, Jean Grenier – *„mehr in der anderen lebt als in sich selbst"* – gewissermaßen außerhalb seiner – *„dass man das eigene Lebensprinzip"* in eine andere Person *„verlagert"*.

An diesem Punkt, wenn man die Liebe vom Moment ihres Verlusts her einmal begreift, wird die *Dialektik* deutlich, die ihr innewohnt. Der Geliebte kann sich uns auch wieder entziehen auf vielfältige Weise. Aktiv durch Untreue, Täuschung, Trennung, weil die Liebe bei dem einen versiegt ist. Passiv durch den Verlust im uns allen bevorstehenden Vergehen.

Deshalb ist die Liebesbeziehung nicht nur eine hoch riskante und riskierte Weise des Menschseins, sondern sie ist mutmaßlich die *riskierteste* Wirklichkeit des Menschen (als einem Beziehungsgeschehen zwischen Menschen) *überhaupt* – und zwar deshalb, *weil sie uns so viel zu geben vermag!*

Begreifen wir das nur recht. Liebe ist in sich höchst dialektisch: existenziell Licht und Schatten werfend, höchste Daseinsfreude und tiefstes Leid birgt sie. Ganz anders die Freundschaft. Kurz: Wer liebt, der riskiert sich!

Man sollte sich diesem Tatbestand gegenüber nicht im Zweifel sein. Und dies Risiko ist proportional zu dem Höchstmaß an Bejahung, das sie uns ganz individuell gewährt.

Ich zitiere, wie oben schon, noch einmal Goethe, Hatems Replik auf Suleika: *„(...) ich bin auf anderer Spur,/ Alles Erdenglück .../ Find ich in Suleika nur/ Wie sie sich an mich verschwendet,/ Bin ich mir ein weites Ich/ Hätte sie sich weggewendet,/ Augenblicks verlör ich mich"*.

Wer liebt, ist sich nicht mehr selbst genug! In diesem selbstbezüglichen Sachverhalt verbirgt sich auch *Lebensgefahr*. Zwar fühlt man sich gesteigert im Lichte der Bejahung eines anderen. *„Aus deiner Liebe kommt mir solch ein Segen,/ Sie macht mein Herz so sorglos und so fest,/ Ich kann so ruhig mich drin niederlegen,/ Wie sich ein Kind dem Schlafe überlässt"*, dichtete Hedwig Lachmann wunderbar rein und zart. Der Geliebte macht des Geliebten Leben wertvoll und sinnvoll, gewiss.

Jedoch: Ohne den Geliebten geht der andere sich *verloren* oder droht sich doch verloren zu gehen – und auch die Weisen des Sich-Verlierens sind so vielfältig wie die Weisen des Verlustes des Geliebten.

Heute ist die Liebe unter einen beispiellosen *Erwartungsdruck* geraten. Das hat nicht zum wenigsten auch mit ihrer in der kommerziellen Unterhaltungsindustrie verklärten Gestalt und ständigen Präsenz zu tun.

Von Bildschirmen und aus Hochglanz-Broschüren strahlt und flimmert es geschmacklos rosarot. Was dem Publikum vorgegaukelt wird, danach reckt es sich und strebt danach. Selbst in abgespeckter Version kostet eine funktionierende Partnerschaft allerdings, wem sage ich das, eine aktive Selbstbeziehung. Eine Voraussetzung, die im Getriebe eines gehetzten und falsche Lebensanreize setzenden Alltags jedoch bedroht ist und auf der roten Liste des Menschen-Möglichen steht.

Was am Ende des Tages bleibt, mag oft Krampf und nur ein blasser Abglanz dessen sein, was man allabendlich mit dem Effekt einer erworbenen Fehlhaltung dem Gegenstand gegenüber passiv konsumiert. Dann stimmen Wunsch, Anspruch und Wirklichkeit allemal nicht mehr überein.

Liebe ist heute das *favorisierte Glücksmodell* in einer säkularen Epoche gesteigerter, aber oft misslingender Anstrengungen nach Daseinsbejahung geworden. Das erkannte bereits Freud. In dieser Ausschließlichkeit als Allheilmittel verklärend angepriesen, überfordert sie den modernen, Partner suchenden Menschen, der immer weniger fähig ist, eine Liebesbeziehung mit seinen Höhen und Tiefen auszubalancieren und dauerhaft leben zu können. Nach Hartmut Rosa bilden die Beziehungen zwischen Liebenden in der Spätmoderne *„die zentralen und oftmals die alleinigen Resonanzachsen der Weltbeziehung; sie sollen gewährleisten, dass uns die Welt als Ganzes zu antworten, dass sie für uns zu `singen` vermag. Dass sie indessen mit dieser Erwartung und dieser Alleinstellung heillos überfrachtet sind, wissen wir aus unseren eigenen Familienerfahrungen ebenso wie aus den einschlägigen familiensoziologischen und – psychologischen Studien"*.

So birgt die Variante Liebes-Glück erhebliche Risiken und Nebenwirkungen. Unter den Bedingungen eines beschleunigten Lebensalltags erscheint sie in hohem Maße bedroht.

Vom Glück der Gegenwartswahrnehmung

Die Spielart von Glück, die nun zuletzt folgt, führt uns erneut in die griechischen Antike zurück. Erinnern wir uns einiger angestaubter Kenntnisse: Als im 5. Jh. v. Zw. Perikles und Sokrates über den Markt von Athen schlenderten, da erlebten die griechischen Stadtstaaten ihre ruhmreiche Blütezeit. Tatkräftige, nach Einfluss strebende Bürger, Perserüberwinder und Sklavenhalter allesamt, traten in den poleis für ihre eigenen Belange ein, organisierten den Bau von Straßen, Schiffen, die Kriegführung und sorgten für das Gedeihen des Justiz-, Bildungs- und Gesundheitswesens.

Unter Perikles erwuchs Athen zur ersten polis im Attischen Seebund und brachte auf dem Felde der Architektur, der Tragödien- und Komödiendichtung sowie der Philosophie bedeutendste Köpfe und Werke hervor. Das währte aber nicht einmal 150 Jahre.

Denn ein anderer Großer wuchs auf im nördlichen Makedonien. Er hatte die größten Ideen und verzehrte sich nach Macht. Kaum war Alexander zum Manne gereift, da machte er der griechischen Glanzzeit den Garaus. Er legte die Polis-Staaten kurzer Hand in Schutt und Asche und unterwarf sie.

Aus dem Schulunterricht wissen wir, dass nach seinem plötzlichen Tod 323 der Streit unter den Heerführern und deren Söhnen auflöderte, der die Torte des Riesenreiches in einzelne Stücke zerschlug. Nach Jahrzehnten blutiger Schlachten bildeten sich drei Großreiche heraus, die uns unter dem Namen Diadochen-Staaten (Diadochen = Nachfolger) bekannt wurden: das Ptolemäer-Reich in Ägypten, das Seleukiden-Reich in Asien, das Antigoniden-Reich in Griechenland.

In jener Zeit, dem sog. Hellenismus (300 – 100), hatten die Menschen umzulernen. Sie befanden sich nun in den Händen mächtiger Verwaltungsapparate, die völlig außerhalb ihrer Kontrolle und jeglicher Berechenbarkeit lagen. Verlässliche, bergende soziale Gefüge waren Mangelware geworden. Das provozierte nicht nur einen mächtigen Schub von *Individualismus,* jeder musste nun allein sehen, wie er zurechtkam, sondern ganz ebenso eine kollektive *Erlösungssehnsucht* in den mittelmeerischen Völkern als Folge der sozialen Not. Ich lasse nicht unerwähnt, dass diese Sehnsucht den Nährboden bildete für eine Vielzahl von religiösen Erlösungsbewegungen, von denen nur eine fähig genug war, sich gegen alle anderen durchzusetzen. Es war das Christentum.

In diese Zeit des Hellenismus fällt die größte Wirksamkeit der Philosophenschulen der Stoa und des Epikur. Sie gaben Antworten auf *Lebensfragen,* die sich die Menschen in den entstandenen Großreichen stellten. Auch auf die Frage nach einem Glück, das für viele zu erreichen wäre. Es ging ja mit dem Glück nicht anders als mit dem Überleben. Für sein Wohlergehen musste nun jeder einzelne für sich und auf sich gestellt sorgen. Es wurde reine Privatsache, dem Kontext des Politischen nun völlig entzogen.

Die neue, empfohlene und bis in ihre letzten Feinheiten ausgearbeitete *Lebenskunstregel* lautete kurz und knapp so: sei klug und wolle nur, was ganz in deiner Macht steht! Damit schied als Glücksbedingung alles *Äußere* wie Reichtum oder Ruhm aus, denn diese gehörten zu jenen Gütern, die leicht zu verlieren waren. Das Märchen vom Hans im Glück illustriert die entschiedene Nach-innen-Verlegung der Glücksquelle. Hans wird tatsächlich alles genommen. Aber das stört den Genügsamen nicht. Sein Glück ist ganz *unabhängig* von der *Welt,* die ihn umgibt, von Dingen jeglicher Art.

In dieser Zeit entstehen die altehrwürdigen Begriffe der *autarkia,* der Unabhängigkeit von äußeren Gütern und Umständen, der *ataraxia*, dem inneren Frieden oder der Seelenruhe, der stoischen *apathia*, der Unempfindlichkeit allem Daseinsgeschehen gegenüber. Wir begreifen sie allesamt zutreffend als Haltungen der *Selbstbejahung*, die durch praktische Übungen, fundiert durch philosophische Überlegungen, erprobt und angeeignet werden sollten. Lebenskunstregeln sprossen wie Pilze im herbstlichen Waldboden auf und Philosophen legten jene Übungen, die in Selbsterziehungsarbeit zu vollziehen waren, ihrem geneigten Publikum nahe (25).

In dieser unruhigen Menschheitsepoche formulierte der 341 auf Samos geborene Epikur (bis 270) eine neue Spielart von Glück. Dieses, so der zu Unrecht gescholtene Philosoph, läge *„nicht in der Lust der Hemmungslosen"*, sondern in einem Zustand der Gemütsruhe, in dem *„weder Schmerz"* den *„Körper noch Erschütterung"* die *„Seele"* errege. Diese verdanke sich einer *heiteren Askese*, einer besonderen Lebensführung, die man erlernen und hernach ausüben könne. Zu dieser Lehre gehörten zwei *Haupteinsichten*.

Erstens: Alle wesentlichen Bedürfnisse seien leicht zu stillen, ob nun das Wohnen, Kleiden oder die Versorgung mit Nahrung betreffend, wenn man sie nicht luxurieren ließe. Man müsse im Übrigen nur das, was man haben wolle, dem anpassen, was man leicht haben könne oder ohnehin schon habe.

Zweitens: Es gelte einzusehen, dies freilich durch philosophische Theoriebildung, dass die *Ängste* vor den Göttern, den Schmerzen, den Begierden und dem Tod unbegründet seien (26). Wer den Pfad dieser philosophischen Individualethik einschlüge, versprach Epikur, der würde sich einem dauerhaften Wohlergehen befähigen.

Für Epikur bestand in der Tat das Haupthindernis, warum die meisten Menschen nicht ins Glück gelangten, in dem Umstand, dass sie sich zu viele *Sorgen* machten. Deshalb, lehrte der Philosoph, habe man die Fähigkeit zu erlernen, *sorglos* und *angstlos* zu werden, um sich so gänzlich, und das hieß: ein Leben lang den einfachen Freuden des Lebens hingeben zu können. Der Melancholiker und Dichter Gottfried Benn mag beim Schreiben folgenden Gedichts an Epikur gedacht haben: *„Es gibt nichts als die Stunde/ die gerade geschieht/ Es gibt nur die Runde/ die das Auge sieht/ Was dahinter steht lass schweigen/ was darüber steht lass ruhn"*.

Versuchen wir diese wunderbare Daseinsweise näher zu verstehen. In der „Fröhlichen Wissenschaft, 1. Buch, Nr. 45, schreibt Nietzsche über Epikur: *„- ich sehe sein Auge auf ein weites, weißliches Meer blicken, über Uferfelsen hin, auf denen die Sonne liegt, während großes und kleines Getier in ihrem Lichte spielt, sicher und ruhig wie dies Licht und jenes Auge selber."* (Natürlich kannte auch Benn diese Zeilen!) Es ist das Glück eines Beruhigten, *„vor dem das Meer des Daseins stille geworden ist, und das nun an seiner Oberfläche und an dieser bunten, zarten, schaudernden Meeres-Haut sich nicht mehr sattsehen kann: es gab nie zuvor eine solche Bescheidenheit der Wollust"* (27).

Bescheidenheit der Wollust: wir sollten diese treffende Formulierung als ein polemisch-wohlwollendes Paradox begreifen. Denn darum geht es gerade nicht, um die Erregung unserer Sinne, menschliche Wollust also, jene vielleicht des Schlemmers oder erotischen Verführers. Sondern um eine sinnliche Erfahrung, die aber leidenschaftliche Lustbefriedigung gerade vermeidet. Was sind die Bedingungen einer solchen seltsamen *Lust?*

Machen wir uns klar, dass, wenn wir ganz unmittelbar unserer Sinnlichkeit hingegeben sind, unserem Sehen, Hören, Tasten, Riechen und Schmecken – dass wir damit und darin *Gegenwart* erfahren, ganz gegenwärtig sind. Das hatte Aristippos messerscharf erkannt. Psychologen sagen uns, Gegenwart erstrecke sich in einem Zeitfenster von etwa drei Sekunden in unserem Bewusstsein.

Nun ließen sich diese drei Sekunden in beliebig viele Intervalle zerteilen – wie man den Raum in immer kleinere Raumteile unterteilen kann. Moderne Messkunst ermöglicht das. Aber man kann das auch ganz bewusst lassen. Es geht gewissermaßen auch umgekehrt.

Stell dir vor, du sitzt vor dem Haus, und dein Blick ruht auf der Allee schlanker Bäume die Straße entlang. Du träumst weder vom Glitzern der Meeresoberfläche noch von Bergeshöhen, denn die sind für dich nicht verfügbar. Deshalb bescheidest du dich, dem Wort des Meisters gemäß, mit dem, was du hast. Du betrachtest der Bäume anmutigen Wuchs, die Kronendächer, erfreust dich am leuchtenden Grün. Nietzsche spricht vom Auge, das in sich ruhendes Betrachten wird. Jedenfalls zerschneidest du die Tätigkeit, in die du gerade engagiert bist, nicht in einzelne Augenblicke, Jetzt-Punkte, die man der Reihe nach koordinieren kann.

Du betrachtest also die Baumreihen rechts und links der Straße. Dabei unterlässt du das Zeiteinteilen. Da sind die raumfüllenden, jungen Eichen und der wolkenlose, blaue Himmel über ihnen. Weiter nichts. Wie von selbst verbinden sich die Augenblicke zu einem Kontinuum einer fließend wahrgenommenen Dauer, einem Strömen, in dem du dich ganz leicht fühlst, ganz dem Jetzt hingegeben.

Das Sehen, dem du dich hingibst, ist sinnliche Aktivität, in der *geringste* Beunruhigung geschieht und auf die geringste *Unruhe* folgt. Du vollziehst eine sinnliche Weltbeziehung, die nicht reizt, stimuliert, steigert, riskiert. Was du erlebst, ist tiefe Ruhe. Eben dies ist das Neue an Epikurs Lustbegriff. Er berücksichtigt die nicht ungefährliche Herrschaft *erregender* Lust über unser Handeln. Sie raubt Selbstbestimmung, weil sie dem Verlangen nach sich steigernden Reizen in die Hände spielt. Wir werden Sklaven unserer Sinne, Unfreie den Weltstoffen gegenüber.

Epikur weiß hingegen von einer Lust, die unsteigerbar, dauerhaft und friedlich ist. Sie erreicht ihren Höhepunkt dort, wo jeder Schmerz, physisch wie psychisch, *abwesend* ist. Im Augenblick der *Unlust-Freiheit*. Im Kern lautet sein verblüffender Gedanke: Wo Unlust fehlt, da schon sei maximale Ruhe anwesend. Man kann jedenfalls üben, es so zu empfinden.

Zurück zu den Sinnen. Sehen und Hören sind die reinen. Sie eigenen sich besonders, reizarmer Lust zu frönen. Die anderen: Tasten, Schmecken, Riechen lassen uns oft genug „Hören und Sehen" vergehen, d.h. sie regen auf. Deshalb gilt es, das Sehen und Hören zu üben, um darin fortzuschreiten. Um immer sehender und hörender zu werden. Und das heißt: zu immer mehr innerer Ruhe befähigt. Ist es übertrieben zu sagen: ein „Hören" und ein „Sehen" zu werden? Wie dem auch sei.

Das ist das Eine, grob verkürzt, die Sinnlichkeit betreffend. Der Unterschied zwischen erregender Lust und einer, die uns geradezu *befriedet*. Das muss man verstehen, um Epikur zu verstehen.

Nun zum anderen Pol unseres bewussten Erlebens, dem Vorstellen und Denken. Begreifen wir das *Denken* als einen Akt der *Vermittlung*. Denken und Sprache, sie dienen zumeist als Vermittler des *Abwesenden*, dessen, was nicht ist, noch nicht ist oder nicht mehr ist. Im *Denken* setzen wir etwas in Bezug zu anderem, spannen wir etwas in einen es übergreifenden Zusammenhang. Dadurch, dass wir uns erinnern oder planen oder einen kausalen Vorgang analysieren.

Geht es aber um die Fähigkeit, die ganze Aufmerksamkeit auf das, was gerade geschieht, richten zu können, dann wäre also das Denken zeitweilig aufzugeben, weil es das Erleben des unmittelbar Gegenwärtigen stört oder verunmöglicht. Kleine Kinder sind noch fähig, ganz natürlich diese vermittelnde Denktätigkeit, mit der Erwachsene ihr Leben zubringen, zu verlassen. Es darf noch in den Gefilden seligen Gegenwartserlebens *sorglos* sein.

So ist es: Die *Unmittelbarkeit* des Lebensvollzugs wird im Denken unterbrochen. Muss ich darauf hinweisen, dass auch unser Selbstbezug im Denken stattfindet, von ihm getragen und eingeleitet wird, wenn er auch nicht nur im Denken verbleibt. Wundert es noch jemanden, dass manche von der Tragödie des Denken-Könnens, des Denken-Müssens reden?

Michel de Montaigne zieht im 1. Buch seiner Essais die Konsequenz, die aus dem Gesagten folgt – am Beispiel des An-die-Zukunft-Denkens: *„Wir sind nie recht zu Haus; wir schweben immer irgendwie über der Wirklichkeit. Befürchtungen, Hoffnungen, Wünsche tragen uns immer in die Zukunft; sie bringen uns um die Möglichkeit, das, was jetzt ist, zu fühlen und zu beachten; statt dessen gaukeln sie uns Dinge vor, die* *einmal kommen sollen, (vielleicht erst dann, wenn wir gar nicht mehr existieren.")*.

Nicht anders verhält es sich mit der Vergangenheit. Erinnerungen können uns in frühere Zeiten entführen, an Gewesenes binden, so dass Gegenwartswahrnehmung geradezu verstopft wird, dies z.B. in der Depression.

Um es gerade heraus zu sagen: Im Wahrnehmen von Gegenwart *schweigen* Vergangenheit und Zukunft. Es ist vergangenheits- und zukunftslos. Unser Selbst-Fühlen ruht im Kontinuum der Jetzt-Momente. Das Belastende trauriger Erinnerungen ist ebenso ausgeblendet wie Furcht oder Hoffnung einer ungewissen Zukunft gegenüber. Es ist der Wahrnehmungszustand unendlich vieler unserer Stunden in den Kindertagen.

Gegenwart erfahren heißt, nicht nur außerhalb von Zusammenhängen stehen, die in der Welt liegen, die nach vorn und zurück in unsere Lebensgeschichten reichen, sondern auch fern unserer kleineren und größeren Sorgen des Alltags. Im Faust II, V. Akt, lässt Goethe die menschliche Haltung der *Sorge* unübertrefflich auftreten: *„Sorge: Wen ich einmal nur besitze/ Dem ist alle Welt nichts nütze;/ Ewiges Düstre steigt herunter/ Sonne geht nicht auf noch unter./ Bei vollkommen äußern Sinnen,/ Wohnen Finsternisse drinnen,/ Und er weiß von allen Schätzen/ Sich nicht in Besitz zu setzen./ Glück und Unglück wird zur Grille,/ Er verhungert in der Fülle,/ Sei es Wonne, sei es Plage, Schieb er`s zu dem andren Tage,/ Ist der Zukunft nur gewärtig,/ Und so wird er niemals fertig."*

Gegenwärtigen heißt demgegenüber, die Sorgen los werden für Minuten, für Stunden und still sein können, d.h. befreit von der Last unseres Alltags und offen für die Welt. Epikur nannte diese zuständliche Aktivität *Seelenruhe, ataraxia.* Das Freisein jeglicher innerer Unruhe ob in Gestalt von Sorgen, sinnlicher Begierden oder Ängsten. Das Glück der Gegenwartswahrnehmung kennt nicht Zukunft und nicht Vergangenheit. Es ist wahrgenommene, stillstehende Sorglosigkeit. Das können wir üben und lernen. So ist es Resultat einer Praxis, die eine Technik ist.

Betrachte, was dir gefällt. Sei nur der Blickende, der sich dem Schönen öffnet. Du kannst dich einem solchen Gegenwärtigen immer fähiger machen. Bald schon ist dir dann dies befreiende Erleben möglich, wo und wann immer du willst.

Vielleicht sollten wir in der aktiven Verbalform davon reden, also so: *ich gegenwärtige, du gegenwärtigst ...* Das mag ungewohnt erscheinen. Aber das macht nichts. Nur weil etwas neu ist, ist es nicht deshalb schon von geringem Wert. Wir drücken so eine *Aktivität* aus, die aus guten Gründen von uns immer häufiger gepflegt werden sollte. Epikur und den seinen war sie jedenfalls nicht fremd. Üben wir das Sehen und Hören, damit wir uns anwesend machen bei der Welt, in der Wahrnehmung von Schönheit.

Tatsächlich ist das, wozu Epikur auffordert, ein zeitlich begrenztes Verlassen dessen, was uns zu Menschen macht, unseren *Selbstbezug.* Auszug aus der Unruhedimension, die wir sind. Befreiungserfahrung, wenn im Bewusstsein das Selbstsein zum Erliegen kommt. Befreiende Erfahrung jeder *Meditation.*

Den Unruhebezirk verlassen, das heißt, sich außerhalb vom großen Sich-Sorgen um alles Mögliche platzieren, die konstitutionelle Unruhe, die wir sind (28), momentweise hinter sich lassen. *Selbstvergessenheit* üben. Jedoch eine im besten Sinne. Eine, in der wir unsere Bejahungs-Batterien aufladen, um desto befreundeter bei uns sein zu können.

Wir sollten lernen, die Lücke Zeit zwischen zwei Gedanken auszuweiten und diese zu bewohnen. Weil Gedanken oft Träger sind von Sorgen und Befürchtungen. Wir können lernen, uns dieser zu erwehren, indem wir Denkpausen einlegen.

Und es sollte nicht Wunder nehmen, dass in einem Buch, in dem versucht wird, das Denken zu üben, der Schluss gezogen wird, auch einmal das Denken zu lassen. Aus guten, natürlich durch Nachdenken gefundene Gründe. Vorurteilsloses Denken darf vor nichts Halt machen, schon gar nicht vor sich selbst.

So gerät Gegenwartswahrnehmung zu einem *Zufluchtsort* vor der Welt, der stets da ist und wartet, bewohnt zu werden.

Epikurs Glück heiterer Sorglosigkeit und Unlust-Freiheit wurde von manchen *„negatives Glück"* genannt. Es schien ihnen allein der bloßen Ausschaltung negativer Faktoren geschuldet. Epikur selbst urteilte im Brief an Menoikeus anders. Es käme dem Dasein der Götter nahe, denn diese bedürften (auch) nichts. In den Zeitläufen bis hinauf in unsere Tage hat dies Glück nur wenige Nachahmer gefunden. Es geriet unter die Räder der platonisch-christlichen Glücksvariante oder wurde grob verwechselt mit der Lust der Prasser und Lüstlinge, die seinem Entdecker, dessen *„Lebensführung doch von äußerster Nüchternheit war",* fern lag.

Anmerkungen und Nachweise der Zitate:

Zitate sind kursiv gedruckt. Ihr Nachweis erfolgt nach der Seitenzahl, den ersten beiden kursiv gesetzten Worten und der Reihenfolge auf der Seite. Die Anmerkungen sind mit einer Zahl versehen und erfolgt ebenfalls nach der Seitenzahl.

Vorwort

10 *naturgemäß niemals* ..., Albert Camus, Der Mythos des Sisyphos, Rowohlt, 1991, 11

1. Kapitel

16 *als Absicht* ..., Sigmund Freud, Das Unbewußte, Schriften zur Psychoanalyse, Fischer, 1960, 352
glücklich werden ..., Freud, a.a.O., 352
Glückseligkeit, dem ..., Aristoteles, Nikomachische Ethik (NE) 1095a18
Zu beherzigen gilt ..., Epikur, Briefe, Sprüche, Fragmente, Reclam, 1985, 43
Da sich ..., Seneca, Von der Seelenruhe, Insel, 1984, 208
17 1) Diese Einschätzung bestätigt der Ideengeschichtler Hans Blumenberg, Die Legitimität der Neuzeit, Suhrkamp, 2016, 304, indem er feststellt, dass der *„Daseinssinn"* bei den Griechen – wohlgemerkt für Götter! und Menschen - *„glücklich (zu) sein"* gewesen sei.
Alle Menschen..., Augustinus, De Trinitate, in: Wladyslaw Tatarkiewicz, Über das Glück, Klett-Cotta, 1984, 303
Alles Dichten ..., Boethius, Die Tröstungen der Philosophie, Reclams Universal-Bibliothek, Nr. 3154, 3155, 59 (Drittes Buch, Anfang)
Alle Menschen ..., franz. Enzyklopädie, in: Tatarkiewicz, a.a.O., 292f
der, welcher..., Ludwig Wittgenstein, Werkausgabe Bd. I, Suhrkamp, 1988, 168

18 2) So der Soziologe Robert Hettlage, in: A. Bellebaum/ R. Hettlage (Hrsg): Das Glück hat viele Gesichter, VS Verlag für Sozialwissenschaften, 2010, 18 sowie der Ethnologe Thomas Bargatzky, ebd., 114 in seinem Aufsatz: Contemplativus in actione. Glücksvorstellungen im Kulturvergleich: *„Wir dürfen Glück als eine transkulturelle anthropologische Universalie voraussetzen, als Ausdruck der biotischen und psychischen Einheit der Menschen"*. Das entspricht meiner Auffassung.
universelles Gefühl ... Veenhoven, Glück als subjektives Wohlbefinden, in: D. Thomä u.a. (Hrsg.): Glück, J. B. Metzler, 2011, 398
von der ..., Veenhoven, a.a.O., 398
3) Hingegen empfiehlt der Soziologe Alfred Bellebaum, in: Bellebaum /Hettlage, a.a.O., 52, nicht *„der Chimäre einer kultur- und zeitunabhängigen Definition von Glück nach(zu)jagen"*.
dem Namen..., darüber streiten ..., Aristoteles, NE 1095a18
19 4) Im Französischen unterscheidet man wenigstens zwischen fortune, Zufalls-Glück, und bonheur, einem Glück von Dauer.
20 *Ablage-Platz ...,* Ludwig Marcuse, Philosophie des Glücks, Diogenes, 1972, 11
Unglück, dass ..., Immanuel Kant, Grundlegung zur Metaphysik der Sitten, BA 46
21 *im strengsten Sinne..., seiner Natur ...,* Freud, a.a.O., 352
22 *Konfessionen ...,* Marcuse, a.a.O., 19
zugunsten von ..., Hans Krämer, Integrative Ethik, Suhrkamp, 1992, 254
23 *Daseinsmetaphern ...,* Hans Blumenberg, in: Ferdinand Fellmann, Orientierung Philosophie, Rowohlt, 2001, 26
ekstatisch-superlativen ..., Roland Kipke, Der Sinn des Lebens und das gute Leben, Zeitschrift für philosophische Forschung, Band 68, 2014, 196
29 5) s. D. Thomä u.a.(Hrsg.), a.a.O., 13

Niemand erblickt ein ..., Epikur, a.a.O., 83

30 *Das Glück ...*, Die französischen Moralisten, Sammlung Dieterich, 1962, 485 in der Übersetzung von Schopenhauer, siehe seine *„Aphorismen zur Lebensweisheit"*, Motto

31 6) Zum Selbst s. Fabian Sommariva, Selbstbildung und Weltgestaltung, Versuch über den Sinn des Lebens, Books on Demand, 2022, Kap. 6 und 7

erfülltes Innesein ..., Maurice Merlau-Ponty, Das Auge und der Geist, Meiner, 2003, 179

32 7) Zum Thema Ökonomie und Glück, siehe den sehr informativen Aufsatz von Herbert Schaaff: Historische Lehren für eine ökologische Glücksökonomie, in: A. Bellebaum/ R. Hettlage, a.a.O., 245-274; sowie Tatjana Schnell, Psychologie des Lebenssinns, Springer, 2016, 103f

2. Kapitel:

29 *Ich bin...*, aus dem Gedächtnis zitiert

1) Der intellektuelle, sensible Mensch, der Mensch geistiger Bedürfnisse habe viel Grund zum Grämen. Deshalb: *„Der geistreiche Mensch wird vor Allem nach Schmerzlosigkeit, Ungehudelt seyn, Ruhe und Muße streben ... und, bei großem Geiste, sogar die Einsamkeit wählen"*, Schopenhauer, Aphorismen zur Lebensweisheit, Reclam, 1983, 36

Kein Hirt ..., Friedrich Nietzsche, Zarathustra, Zarathustras Vorrede, Nr. 5

35 2) Mein Glück

    Die Tauben von San Marco seh`ich wieder:
    Still ist der Platz, Vormittag ruht darauf.
    In sanfter Kühle schick`ich müßig Lieder
    Gleich Taubenschwärmen in das Blau hinauf –
    Und locke sie zurück,

Noch einen Reim zu hängen in`s Gefieder
– Mein Glück! Mein Glück!

Du stilles Himmels-Dach, blau-licht, von Seide,
Wie schwebst du schirmend, ob des bunten Bau`s,
Den ich – was sag`ich – liebe, fürchte, neide ...
Die Seele wahrlich tränk` ich gern ihm aus!
Gäb ich sie je zurück? –
Nein, still davon, du Augen-Wunderweide!
– Mein Glück! Mein Glück!

Du strenger Turm, mit welchem Löwendrange
Stiegst du empor hier, siegreich, sonder` Müh!
Du überklingst den Platz mit tiefem Klange –:
Französisch, wärst du sein accent aigu?
Blieb ich gleich dir zurück,
Ich wüßte, aus welch seidenweichen Zwange ...
– Mein Glück! Mein Glück!

Fort, fort, Musik! Laß erst die Schatten dunkeln
Und wachsen bis zur braunen lauen Nacht!
Zum Tone ist`s zu früh am Tag, noch funkeln
Die Gold-Zierathen nicht in Rosen-Pracht,
Noch blieb viel Tag zurück,
Viel Tag für Dichten, Schleichen, Einsam-Munkeln
– Mein Glück! Mein Glück!

Alltagsbewältigungsverzweifelungsmodus ..., Hartmut Rosa, Resonanz,
Suhrkamp, 2016, 761
36 3) Empiricus, in: Tatarkiewicz, a.a.O., 237

Wer sagt ..., Theodor W. Adorno, in: Christoph Henning, Glück in der Kritischen Theorie, in: Thomä u.a. (Hrsg.), a.a.O., 284

4) Glück sei in der modernen Gesellschaft das für den Menschen ganz Unmögliche. Denn er sei durch Kulturindustrie und Marktverhältnisse unrettbar in Ketten geschlagen und seinen Grundbedürfnissen entfremdet. Wer sich glücklich hieße, der erläge nur dem Verblendungszusammenhang, in dem er unbemerkt lebt. Ferner müssten die Zeitumstände berücksichtigt werden, in denen Adorno seine Analysen und Untersagungen zu Papier brachte.

ein externes ..., Monika Bullinger, Glück in der Sozialpsychologie, in: Thomä u.a. (Hrsg.), a.a.O., 390

38 *ärmliche Antworten ...,* Ludwig Marcuse, Philosophie des Glücks, Diogenes, 1972, 21

41 *Dass es ...,* Hans Blumenberg, Legitimität der Neuzeit, Suhrkamp, 2016, 98

keine verbindliche ..., Wilhelm Schmid, Glück, Insel, 2007, 9

42 5) Es lohnt sich, methodisch Gattungen und Typen zu unterscheiden, s. Karl Jaspers, Allgemeine Psychopathologie, Springer, 1946, 469. Zu einer Gattung gehört ein Fall oder er gehört nicht dazu. Einem Typus entspricht ein Fall mehr oder weniger. Gattung ist der Begriff einer wirklich vorhandenen abgrenzbaren Art. Typus ist ein fiktives Gebilde, dem eine Wirklichkeit mit fließenden Grenzen entspricht. Durch Gattungen werden reale Grenzen erkannt, durch Typen nur einer fließenden Mannigfaltigkeit eine Struktur gegeben. Typen entstehen durch *„denkende Anschauung, mit der wir ein konstruierbar zusammenhängendes Ganzes entwickeln."* Durchschnittstypen sind durch eine große Zahl von Fällen ermittelt. Idealtypen überschreiten die Erfahrung der meisten Fälle; sie entstehen bei Anlass der Erfahrung durch Konstruktion oder einmalige Schau. Idealtypen bilden Maßstäbe.

45 *kurzatmiger Bastelmentalität ...*, Robert Hettlage, in: Das Glück hat viele Gesichter (Hrsg.), a.a.O., 21

46 *zuarbeiten und ...*, Menander, in: Rainer Marten, Der menschliche Tod, Karl Alber, 2016, 92

47 *und zwar ...*, Seneca, Von der Seelenruhe, Insel, 1984, 81

Ja, je ..., Seneca, a.a.O., 208

nur dann ..., John S. Mill, in: Tatarkiewicz, a.a.O., 308

Das Mittel ..., Dewey, in: Tatarkiewicz, a.a.O., 307

48 *Ding in ..., wenn Sie ...* Alain, Die Pflicht, glücklich zu sein, Suhrkamp, 1982, 212

49 6) Alles ist politisch. Auch das Glück? Wer wollte bestreiten, dass demokratische Institutionen und politische Teilhaberechte, die gerechte Verteilung der Güter und die Freiheit der Religionsausübung; dass ein funktionierendes Gesundheitssystem, der gleiche Zugang zu Bildung und die Sicherheit auf den Straßen; dass schließlich erschwinglicher Wohnraum sowie Energiepreise, die bezahlbar sind, dem Glück der Menschen zuarbeiten. Wer sich – umgekehrt – begründet fürchtet, totgeschlagen zu werden, setzt er nur den Fuß vors Haus. Wem verboten wird, für seine Rechte einzustehen und seine Meinung kundzutun bei Androhung von Inhaftierung und Misshandlung. Wessen Arbeitskraft ausgebeutet wird. Wer genötigt ist, für den Arztbesuch sein Erspartes herzugeben. Wenn Kinder, statt zur Schule, aufs Feld oder in die Fabrik gehen, um zum kargen Lebensunterhalt der Familie beizutragen: Dann schreien diese Verhältnisse zum Himmel und sie gehören verändert. Sie erschweren das Lebensgelingen des einzelnen nachhaltig. Hunger, Furcht, Verzweiflung und Depression sind Glückskiller, das weiß jedes Kind. Im Zustand physischer Not und psychischer Angst schrumpfen Menschen ein und verkümmern, statt zu blühen. Fraglos gilt: staatliche Daseinsvorsorge trägt zur Befähigung zum Glück bei. Halten wir das fest. Zugleich sollte uns dämmern, dass ein

Glück, das sich zeitlich erstreckt, auch politisch nicht *herstellbar* ist, weil es überhaupt nicht herstellbar ist. In allen Ländern und Erdteilen, in denen der Wohlstand wuchs, ist das Glücklichsein dem Einkommen noch niemals mir nichts, dir nichts nachgewachsen. Wir sollten nicht vergessen: Einzelne brauchen Gemeinschaft und Gemeinschaft braucht die Einzelnen. Das Soziale und Individuelle gehören unzertrennlich zusammen. Haben du und ich aber einen Anspruch an unsere Gemeinschaft auf Herstellung von Glück? Ein solcher läuft ins Leere, weil dieser unerfüllbar bleiben muss. Ich schließe mich dem Philosophen Karl Popper an, der feststellte: *„es gibt keine institutionellen Mittel, um einen Menschen glücklich zu machen –, aber doch einen Anspruch, nicht unglücklich gemacht zu werden (...)"*, Die offene Gesellschaft und ihre Feinde, Bd. I., Mohr Siebeck, 2003, 188. So wird ein Schuh daraus, scheint mir. Sehr wohl besteht ein einklagbares Recht – das, wird es verwehrt, zu erstreiten ist –, nicht politisch verfolgt, wirtschaftlich ausgebeutet, sozial und psychisch zerrüttet zu werden. Daran lege niemand Hand an. Anders formuliert: Staatliches Handeln sollte nicht versuchen, Glück zu maximieren, sondern *Gerechtigkeit*. Diese muss erstritten werden – zu allen Zeiten und überall.

51 7) Oberfläche erscheint im Gegensatz zu Tiefe. Es ist das unschwer Sichtbare, das, was oft nur scheint und nicht ist. Ihm schreiben wir Flachheit, Flüchtigkeit, Unernst oder gar Unwert zu. Manche sagen, gewisse Erlebnisse vollziehen sich auf der Oberfläche unseres Bewusstseins. Eine Begegnung, ein Kinofilm, ein unbedeutender Streit: sie verpuffen rasch, berühren uns nicht wirklich. Soziologen sprechen von einer Kultur sich jagender Erregungstrends, denen sich immer mehr Menschen aussetzen. Etwas passiert, ohne Spuren zu hinterlassen. Es sind Erlebnisse, die mit schwachen Wertungen (Hartmut Rosa) verbunden sind. Wo wir mit starken Wertungen handeln, geschieht anderes. Wir engagieren uns aus dem Zentrum unserer

Person. Es hat Bezug zu unseren Handlungszielen und - grundsätzen, zu unserer Lebensgeschichte, auf die wir reflektieren, zu dem, was wir von uns erschlossen haben. Tiefe verbinde man mit dem Kernselbst. Es ist relativ Festes, Integriertes und Erworbenes im Gegensatz zum beweglichen Saum unseres Selbstes. Wo besinnungslos Jagd nach immer neuen Reizen gemacht wird, kräuselt sich Oberflächenwasser. Und das mag auch gewollt sein, dafür kann sich auch entschieden werden, um sich bei vielen wechselnden Weltbezügen aus der Gefahr des Verletzt-Werdens zu retten. Selbstbezügliches Kopfeinziehen.

55 *den größten ...,* Seneca Von der Seelenruhe, Insel, 1984, 13

Weil..., Seneca, a.a.O., 233

8) vgl. Epiktet, Gespräche II 18; Marc Aurel, Selbstbetrachtungen VI 16; Michel Foucault, Die Sorge um sich, Suhrkamp, 1989, 90f

Einer sei..., Arthur Schopenhauer, Aphorismen zur Lebensweisheit, Reclam, 1983, 27

56 9) Dazu Fabian Sommariva, Selbstbildung und Weltgestaltung, BoD, 2022, Kap. 6

58 10) Gern weise ich auf die Nähe zu den beiden von Erich Fromm 1979 erhellten gegensätzlichen Existenzweisen in seinem Buch „Haben oder Sein" hin.

3. Kapitel

59 1) Die Quellen eines Glücks, das andauern kann, sind faktisch aufs engste miteinander verwoben und kommen gar nicht gesondert vor. Sie dennoch voneinander scheiden, heißt, eine Geschehensganzheit künstlich trennen – was wir nicht wollen, aber müssen. Das Begreifen-Wollen macht es nötig, und das Messer der Analyse macht es möglich.

60 *Dieses kleine...,* Goethe, in: Rüdiger Safranski, Goethe, Hanser, 2013, 370

2) Allgemeine Begriffe sind zwar der Stoff, in welchem die Philosophie ihre Einsichten niederlegt. Sie sind jedoch nicht die Quelle, aus der sie solche schöpft. Theodor W. Adorno, Negative Dialektik, Suhrkamp, 1990, 23: „*Aus der Not der Philosophie, mit Begriffen zu operieren, darf (so wenig) nicht die Tugend von deren Priorität gemacht werden* ...". Die wahre Philosophie „*wäre nichts anderes als die volle, unreduzierte Erfahrung im Medium begrifflicher Reflexion*", 25.

Artikulation innerer ..., Peter Bieri, Das Handwerk der Freiheit, Fischer, 2013, 367

61 *Es ist ...,* Michael Hampe, Die Lehren der Philosophie, Suhrkamp, 2016, 290

3) vgl. Jürgen Habermas, Erkenntnis und Interesse, Suhrkamp, 1971, 178-189

62 4) Grundsätze des Verstehens, s. Karl Jaspers, Allgemeine Psychopathologie, Springer, 1946, 296-299. Anders die Wissenschaften. Sie treten an ihren Gegenstand von *außen* heran, legen ihn sich zurecht und messen oder beobachten ihn. *Erklärt* ist etwas, „*wenn es als Spezialfall und damit als Folge einer tiefer liegenden allgemeinen Gesetzlichkeit erkannt ist*", Mc Ginn, Wie kommt der Geist in die Materie? Piper, 1999, 232 d.h., ein Sachverhalt ist gewusst, wenn er auf bekannte *Ursachen* zurückzuführen ist.

64 5) Dass der Mensch wie alles Lebendige auf Steigerung und Wachstum ausgerichtet ist, dies Faktum liegt auch der Selbstbestimmungstheorie von Deci und Ryan zum Grunde, eine der in den USA bedeutenden Theorien über menschliche Motivation, Deci/Ryan, 2000, The „What" und „Why" of Goal Pursuits: Human Needs and the Self-Determination of Behavior, in: Psychological Inquiry 11 (4), 227-268

Lebens-Fluss..., Zenon, in A. A. Long/D. N. Sedley, Die hellenistischen Philosophen, J. B. Metzler, 2006, 470, bei Stobaeus euroia biou

6) Dazu Fabian Sommariva, Selbstbildung und Weltgestaltung, BoD, 2022, Kap. 5

67 *Willst du ...*, Goethe, aus dem Gedächtnis zitiert

Ich gebe ..., Michel Serres, Die fünf Sinne, Suhrkamp, 1998, 111

68 7) Der Begriff wurde 2002 erstmals in einem Fachartikel benutzt, vgl. Daniela Blickhan, Positive Psychologie, Junfermann, 2018, 46-60

69 *Je mehr ...*, Alain, Die Pflicht, glücklich zu sein, Suhrkamp, 1982, 188

ständigem Fortschreiten ..., J. Dewey, in: Christoph Henning, Glück im Pragmatismus, 255-262, in: D. Thomä u.a. (Hrsg.), a.a.O., 259

71 *aufbauendes Wirken ...*, Bertrand Russel, Eroberung des Glücks, Suhrkamp, 1978, 149

Er war ..., Wilhelm Dilthey, Das Erlebnis und die Dichtung, Vandenhoeck & Ruprecht, 1965, 167

72 *glücklich bleiben...*, Schiller in einem Brief vom 14.Februar 1790

in die ..., Peter Sloterdijk, Weltfremdheit, Suhrkamp, 1993, 293

73 8) Ein Einwand könnte lauten: Ja, aber im *Alter* geht es doch damit bergab. Abnehmenden Kräften geschuldet, sprudelt diese Glücksquelle wohl nur bis an die Schwelle des Alterns. Durchaus nicht! Abgesehen von körperlichen Beschränkungen, die unsere Beweglichkeit betrifft, können alle Brücken, die uns Welt erschließen, bis ins hohe Alter begangen werden. Wer auch im Alter offen bleibt, wird ebenso wachsen wie in Jahrzehnten davor. Karl Jaspers, Allgemeine Psychopathologie, Springer Verlag, 1946, 639, schreibt: *„Der Greis, biologisch verfallend, kann im Wesen 'jugendlich' sein, beginnend, aufbrechend, hoffend, hörend"*. Vielleicht ereilt uns gerade umgekehrt ein neuer Schub vom Umdenken und Öffnen, weil wir von den oft genug auszehrend erlebten Zwängen der Berufs- und Familienarbeit befreit sind!

Menschen als ..., Goethe, in seinem Aufsatz „Über Winckelmann" *proportionierlichste Bildung ...,* Wilhelm v. Humboldt, Werke in 5 Bd., Bd. 1, Rütten & Loening, 1960, 64

9) s. Emil Staiger, Goethe, Werke in sechs Bänden, Insel, 1993, Bd. I, Vorwort, XIII; s. auch Tatjana Schnell, Psychologie des Lebenssinns, Springer, 2016, 57

Ewig nur ..., Friedrich Schiller, Über die ästhetische Erziehung des Menschen, 1793, 6. Brief

74 *nichts anderes ...,* Wilhelm v. Humboldt, Werke, 1. Bd., 1960, 351

Atomisierung (...) nicht ..., Theodor, W. Adorno, Minima Moralia, Suhrkamp, 1991, 170

75 *verfügt im ...,* Hartmut Rosa, Resonanz, Suhrkamp, 2016, 400

Die Gewöhnung ..., Russel, a.a.O., 149f

76 10) Vgl. Jürgern Habermas, Erkenntnis und Interesse, Suhrkamp, 1971, 191-196, sowie Tatjana Schnell, Psychologie des Lebenssinns, Springer, 2016, 136f

77 *sie versammeln...,* Michel Foucault, Die Sorge um sich, Suhrkamp, 1989, 90

79 11) vgl. Martin Seel, Versuch über die Form des Glücks, Suhrkamp, 1999, 74

80 *Bei manchen ...,* Jacques Wirion, in: Kurzke/ Wirion: Unglaubensgespräch, Verlag C. H. Beck, 2005, 104

81 *von dem ...,* Michael Hampe, Glück und Sinn, 56-63, in: D. Thomä u.a. (Hrsg.): Glück a.a.O., 60

82 12) vgl. Long/Sedley, a.a.O., 450, Diogenes Laertius in stoischer Manier: *„Die Tugend ist ein konsistenter Charakter. Auch ist sie um ihrer selbst willen wählenswert, nicht wegen irgendeiner Furcht oder Hoffnung oder wegen etwas Äußerem. Und in ihr besteht das Glück, weil die Tugend eine Seele ist, welche erfolgreich zur Übereinstimmung des Lebens insgesamt gebildet wurde."*

83 *Für den ..., immer Stückwerk ...,* Seneca, a.a.O., 202

84 *Heutzutage ist...,* Henning Mankel, Treibsand, Zolnay, 2015, 107
als eine Art ..., Oliver Sacks, Dankbarkeit, Rowohlt, 2018, 26
87 13) vgl. Diogenes Laertius, Buch X, 137; Cicero, Gespräche in Tusculum, Buch II, 44
89 *zur Sprache ...,* Rüdiger Safranski, Goethe, Carl Hanser, 2013, 160
91 *Um sich ...,* Albert Camus, in: L. Marcuse, Philosophie des Glücks, Diogenes, 1972, 250
92 *diejenigen, die ...,* Marc Aurel, Selbstbetrachtungen, Reclam, 1982, 16 (Zweites Buch, 8); s. Tatjana Schnell, Psychologie des Lebenssinns, Springer, 2016, 105 zum Begriff der Achtsamkeit
Der Mensch ..., Goethe, in: Safranski, a.a.O., 369, 528 ; ebenso T. Litt, Mensch und Welt, I.&S. Federmann Verlag, 1948, 93, 98
Er ließ ..., Dilthey, a.a.O., 175
93 14) Heinrich Roth, Pädagogische Anthropologie, Schroedel Verlag, Bd. 1., 1971, 431 beschreibt den Prozess des *Selbst-Werdens* in einem plausiblen mehrstufigen Modell. Es beginnt damit, dass Menschen in die Welt handeln. Diese reagiert und wirkt darauf zurück: Widerstand leistend, uns entgegenkommend und befördernd. Handlungen führen zu *Erfahrungen. Diese* sind „Rückstände" von Weltbegegnung, die das Material unserer Selbstbeziehungen ausmachen. Erfahrungen verarbeiten wir denkend, bewerten sie, was zu neuen, sinngesteuerten und wertgerichteten Handlungen führt. Welt modifiziert so neues Handeln. *„So führen Handlungen zu Erfahrungen, die Erfahrungen zu Besinnungen, die besonnenen Handlungen zu bevorzugten Verhaltensweisen (...)".* Handlungen, die in vielen Situationen taugen, d.h. erfolgreich sind, werden immer wieder vollzogen. Diese verdichten sich zu *Verhaltensweisen,* Handlungen mit abnehmender Bewusstheit. Diese *„(...) bevorzugten Verhaltensweisen verfestigen sich zu Charaktereigenschaften, Charakterzügen und Lebensleitlinien".* Verfestigen sich Verhaltensweisen als verallgemeinerte Bereitschaften für bestimmte Situ-

ationen, so betonen wir die Konstanten im Handeln: aus Handlungsbereitschaften entwickeln sich in der Zeit stabile Charaktereigenschaften. Diese sich zunehmend verankernden, sich verfestigenden und verallgemeinernden Charaktereigenschaften wiederum bilden das Fundament sowohl unserer Charakterzüge als auch unserer ausgebildeten Lebensleitlinien als jenen Lebenseinstellungen, die zu unserem beherrschenden Lebensstil geworden sind.

Selbstfundierung ... Walter Schulz, Philosophie in der veränderten Welt, Neske, 1984, 328

94 15) vgl. Martin Heidegger, Sein und Zeit, § 31

selbstdurchsichtig ..., Heidegger, aus dem Gedächtnis zitiert

95 16) Dazu Sommariva, a.a.O., Kap. 2,5,6,7

96 *aus eigener ...,* Martin Seel, Versuch über die Form des Glücks, Suhrkamp, 1999, 129

97 *Dann zeichnet ...,* Hans Krämer, Integrative Ethik, Suhrkamp, 1992, 155

17) Weil Menschen Selbst- und Weltbeziehungen zugleich sind, stehen ihnen folgerichtig zwei idealtypische Handlungsdimensionen offen. Man *bestimmt* sich *selbst* einerseits in seinem Handeln nach außen, Ich-Welt-Bezug, andererseits in seinem Handeln nach innen, Ich-Ich-Bezug. Über die Bedingungen der *Möglichkeit* von Selbstbestimmung handle ich in meinem Buch „Selbstbildung und Weltgestaltung", BoD, 2022, Kap. 6. Dort thematisiere ich auch die Schwierigkeiten, unseren Ich-Ich-Bezug zu gestalten.

18) Kann es uns wundern, dass empirische Untersuchungen zeigen, dass ein hohes Maß an Selbstwirksamkeit, Freiwilligkeit und Unabhängigkeit, dass Teilhabeerfahrung, Erfahrung von Mit- und Selbstbestimmung z.B. an politischen Entscheidungsprozessen das Wohlbefinden der Akteure erheblich fördert? In den USA existieren eine Reihe von psychologischen Theorien in diesem Bereich. Ich verweise auf die

Selbstbestimmungstheorie (SDT) von Richard M. Ryan und Edward L. Deci von der Universität Rochester. Sie ist eine Motivationstheorie, die aussagt, dass Verhalten und Wohlfühlen von drei psychologischen Grundbedürfnissen abhänge: von Kompetenz- und Autonomieerfahrung und sozialer Eingebundenheit. Älter ist die Selbstwirksamkeitstheorie von Albert Bandura. Sie bestätigen, was philosophische Besinnung mit wenig Mitteln erschließt.

Dasselbe trifft ..., Russel, a.a.O., 122

99 *Die Bildung ...,* W. v. Humboldt, in: Roth, a.a.O., 288

100 *Adel ... einer ...,* W. v. Humboldt, Werke in fünf Bänden, Bd. 1, 353

wenn sie ..., Rosa, a.a.O., 41 I; ebenso Josef Früchtl, in: Holmer Steinfath (Hrsg.): Was ist ein gutes Leben, Suhrkamp, 1998, 132: *„Authentisch frei ist nur das Subjekt, das sich hinsichtlich des Ganzen bzw. des Sinns seines Lebens erkundet hat".*

101 19) Dazu Sommariva, a.a.O., Kap. 8

102 20) Auf diese Möglichkeit gelingender Selbstbezüglichkeit verweist schon Aristoteles, NE IX 4 1166a 13f,

die Glücksform ..., Hans Krämer, Selbstverwirklichung, in: Günther Bien (Hrsg.): Die Frage nach dem Glück, Friedrich Frommann Verlag, 1978, 31

103 21) vgl. Matthias Schloßberger, Glück in der philosophischen Anthropologie und im Existenzialismus, in: Thomä u.a. (Hrsg.), a.a.O., 275f

104 *War denn ...,* Cicero, De officiis, Buch I, 112

105 *Nach den ...,* Johann Gottlieb Fichte, in: Walter Schulz, Fichte, Kierkegaard, Neske, 1977, 10

106 22) vgl. Seneca, a.a.O., 152

109 23) Dieser Auffassung weiß sich Demokrit verbunden. Er ist neben Heraklit einer der ersten griechischen Denker gewesen, die Glück von

der inneren menschlichen Verfasstheit abhängig machten, statt von äußeren Gütern oder dem Wohlwollen der Götter. Er dachte den Begriff der euesto, der Zufriedenheit mit dem ganzen Leben, vielleicht als erster. Ebenso Tatarkiewicz, a.a.O., 21, Michael Hampe und Hans Krämer, in: Steinfath (Hrsg.), a.a.O., 94, 98, 106 auf philosophischer Seite. Auch die empirische Glücksforschung kommt mitunter zu dieser Einsicht. So Ruut Veenhoven, der Altmeister der europäischen Spielart, in: Thomä u.a. (Hrsg.), a.a.O., 397: *„Glück ist das Maß oder der Grad, in dem ein Mensch mit der Qualität seines eigenen Lebens insgesamt zufrieden ist."* Ebenso Immanuel Kant, Kritik der praktischen Vernunft, A 46

24) Robert Nozick, Vom richtigen, guten und glücklichen Leben, Carl Hanser, 1991, 114ff

110 25) Weitere Momente mag es geben. Das *Moment* der Erkenntnis von Welt, die wir dadurch immer besser durchgliedern, bewerten und bewältigen lernen ist sicherlich dem ersten oben von mir genannten Aspekt leicht zuzuschlagen. Man kann ihn aber auch eigenständig beschreiben. Oder das *Moment* der Individuation unserer Persönlichkeit. Auch dieser Aspekt des Gestaltungsprozesses, den ich beschreibe, der uns zunehmend befähigt, in dauerhafte Bejahung zu gelangen, ist als ein gesonderter wert, beschrieben zu werden.

111 *nach sich ...,* Friedrich Nietzsche, Die Fröhliche Wissenschaft, 4. Buch, Nr. 300, Sanctus Januarius

26) Aus erkenntnistheoretischer Perspektive darf ich präzisieren, dass mein Begriff des Lebensglücks zu verstehen ist sowohl als ein *explikativer,* d.h. erläuternder als auch *explorativer,* d.h. erkundender. Er macht zuallererst sichtbar, was wirklich ist, und zugleich beschreibt er, was zu sehen ist. Ich erinnere an den Goetheausspruch: Man muss eine Wirklichkeit zuerst sehen, anschauen, um sie hernach denken zu

können. In Anlehnung an Karl Jaspers, s. S. 42 Anmerkung 5) entspricht mein Begriff vom Lebensglück einem Typus.

27) Selbst *wenn* die Gestalt dauerhaften Glücks, wie ich es anschaue und begreife, nur ein problematischer Grenzbegriff *wäre*, einer wie Freiheit oder Wahrheit, dessen innere Bedingungen uns im Grunde verborgen sind. Selbst *wenn* es für viele von uns nur ein *Ideal* bliebe, ein Vorbild (nicht Gaukelbild), lohnte es dennoch, bin ich überzeugt, sich an ihm zu *orientieren*. Im *Angesicht* seiner ließe sich mindestens *fragen*, was für mich als dieser konkreten Person unter diesen konkreten Umständen, in denen ich lebe, diejenige *Lebenspraxis* wäre, in deren Vollzug ich mich befähige, mich so dauerhaft wie möglich zu bejahen.

4. Kapitel

112 *er glücklich ...*, Goethe, in: Wladyslaw Tatarkiewicz, Über das Glück, Klett-Cotta, 1984, 17

113 1) Hartmut Rosa, Resonanz, Suhrkamp, 2016, 232

Ob einer ..., Theodor W. Adorno, Minima Moralia, Suhrkamp, 56

116 *Derjenige ist ...*, Seneca, in: Tatarkiewicz, a.a.O., 30

119 *ausgeliefert (...), in ...*, Martin Löw-Beer, Zur Einschätzung von Gefühlen und Gefühlsleben, in: Fink-Eitel/ Lohmann (Hrsg.): Zur Philosophie der Gefühle, Suhrkamp, 1993, 97

122 2) Es lohnt sich, wie einige es tun, so Byung-Chul Han, Psychopolitik, S. Fischer, 2014, 59-61, *Affekte* von Gefühlen zu unterscheiden. Affekte seien Gemütserregungen mit einiger Brisanz, geringer Latenz, hoher Dynamik, eingeengter Wahrnehmung, Überforderung der Willenskontrolle, starker Ausdruckskraft, hoher Motivationskraft bei eingeschränkter Schuldfähigkeit bei Strafzumessungen in Strafverfahren

124 3) Vgl. Moritz Schlick, Vom Sinn des Lebens, in: Fehige/Meggle/ Wessels (Hrsg): Der Sinn des Lebens, Dtv, 2000, 309-322; Erich

Fromm, Haben oder Sein, Dtv, 1983, 114-117; Übrigens wende man den Unterschied von Freude und Vergnügen einmal auf Schillers „*Ode an die Freude*" an. Nur, behaupte ich, wenn wir den Unterschied anerkennen, können wir Schillers „*Freude, schöner Götterfunken*" begreifen. Mit anderen Worten: auch Schiller dachte diesen Unterschied.

eine wohl..., Diogenes Laertius, Leben und Meinungen berühmter Philosophen, Meiner, 1990, VII. Buch über Zenon, Randnr. 116

wenn dadurch ..., Rosa, a.a.O., 232

126 *katastematisches ...,* Epikur, in: Malte Hossenfelder, Epikur, C. H. Beck, 1991, 68; ebenso Diogenes Laertius, a.a.O., Buch X, 136; Maximilian Forschner, Über das Glück des Menschen, Wissenschaftliche Buchgesellschaft, 1994, 122ff

unbestimmt auf ..., Anton Leist, Mitleid und universelle Ethik, in: Fink-Eitel/ Lohmann (Hrsg.): a.a.O., 171

worin man sich befindet ..., Byung-Chul Han, a.a.O., 2014, 62

4) Über Stimmungen ist im Ausgang von Martin Heidegger erheblich nachgedacht worden, z.B. von Otto Friedrich Bollnow, Das Wesen der Stimmungen, Klostermann, 1943; vgl. Ursula Wolf, Gefühle im Leben und in der Philosophie, in: Fink-Eitel/ Lohmann, a.a.O., 112-135

127 5) vgl. Tatarkiewicz, a.a.O., 52

geistige Haltung ..., Wilhelm Schmid, Glück, Insel, 2007, 36

128 *Das Beste ...,* Maurice Maeterlinck, Von der inneren Schönheit, Königstein Verlag, 1924, 22f

129 *dauerhafter* und *anhaltender ...,* Wilhelm Schmid, Mit sich selbst befreundet sein, Suhrkamp, 2004, 380 f

Das Glück ..., Jean-Jaque Rousseau, Träumereien eines einsamen Spaziergängers, Reclam, 2003, 91

131 *Integral des ...,* Ferdinand Fellmann, Lebensgefühle, Meiner, 2018, 26

132 *schwersten Künste ...,* Christoph Lichtenberg, Aphorismen, Reclam, 135

6) Der Religionsphilosoph und Theologe Paul Tillich nannte eines seiner Bücher „Der Mut zum Sein".

133 *Heer der ...,* Karl Jaspers, Philosophie, Springer, 1973, Bd. 2, 230

7) Ebenso Pylades in Goethes „Iphigenie": *„Dass keiner in sich selbst, noch mit den anderen/ Sich rein und unverworren halten kann".* Rüdiger Safranski, Goethe, 619 schreibt, dass wir alle über längere und kürzere Kausalreihen mit dem Zerstörerischen verbunden seien. *„Wenn die Kausalreihen zwischen der Tat hier und ihrer Wirkung als Untat dort kurz sind, sprechen wir von Schuld; sind sie etwas länger, ist von Tragik die Rede; Schuld und Tragik können, bei noch längeren Verursachungsketten, sich zu bloßem Unbehagen verdünnen".*

134 *das tiefe ...,* Nicolai Hartmann, Ethik, Walter de Gruyter, 1926, 333 *schattenloses Glück ...,* Odo Marquard, Glück im Unglück, in: Bien (Hrsg.), a.a.O., 93

135 8) So schreibt Karl Jaspers, a.a.O., 232: *„die Wahrheit des Glücks entsteht auf dem Grund des Scheiterns".* Etwas anderes ist es, dass nach überwundenem Unglück Chancen bereit liegen können, die vordem nicht gesehen worden waren. Weil in der Krise neue Fähigkeiten angeeignet oder soziale Beziehungen gestärkt wurden. Neben dem Nachdenken und der praktischen Übung mag auch Leiden besser leben lehren.

9) Resilienz meint psychische Widerstandsfähigkeit. Dahinter verbirgt sich die Fähigkeit, Krisen zu bewältigen und sie durch Rückgriff auf persönliche und sozial vermittelte Ressourcen zu meistern und sogar als Anlass für weitere Entwicklungen zu nutzen, s. Daniela Blickhan, Positive Psychologie, Junfermann, 2018, 61-67

136 *ein großes ...,* Bion v. Borysthenes, in: Georg Luck: Die Weisheit der Hunde, Kröner, 1997, 237

gute und ..., Friedrich Nietzsche, Fröhliche Wissenschaft, 4. Buch, Nr. 326

137 *unter Rückfällen ...*, Otto Friedrich Bollnow, in: H. Roth, a.a.O., 436

unmöglich ein ... Michael Hampe, Glück und Sinn, in: D. Thomä u.a. (Hrsg.), a.a.O., 61

auf längere ..., Hans Krämer, Integrative Ethik, Suhrkamp,152

142 *dass er ...*, Moritz Schlick, Fragen der Ethik, Suhrkamp, 1984, 107

143 *Unrecht zu tun ...*, Epikur, Briefe, Sprüche, Werkfragmente, Reclam, 1985, 81

10) vgl. Schlick, a.a.O., 190ff

11) in Blickhan, a.a.O., 195

denn das ..., Deshalb ... Alain, a.a.O., 224

5. Kapitel

145 1) s. Aristoteles NE 1094a18, 1097a30ff

148 *der Natur ...*, Cicero, Über das höchste Gut und das größte Übel, Reclam, 1989, 419f

liebevolle Eigentümerschaft ..., A. A. Long/D. N. Sedley, Die hellenistischen Philosophen, Texte und Kommentare, J. B. Metzler, 2006, 418

153 *dass der ...*, Erich Fromm, in: Christoph Henning, Glück in der kritischen Theorie, in: Thomä u.a.(Hrsg), a.a.O., 285

Post Skriptum:

155 1) Auch der Philosoph Malte Hossenfelder legt uns nahe, in diese Richtung zu blicken. Er äußerte folgende Vermutung: „*Es scheint (...), dass der Gebrauch des Glücksbegriffs eine Weltdeutung impliziert. Ich kann nur von einem Zustand von Glück reden, der von mir nicht nur positiv empfunden wird, sondern sich mir zugleich als gewollt darstellt, sei es von mir selbst, sei es von einer übergreifenden Ordnung. Glück*

setzt Sinngebung voraus", Philosophie als Lehre vom glücklichen Leben, 75-92, in: Bellebaum/ Hettlage (Hrsg.), a.a.O., 88. Christen, die der Lust häufiger amouröser Abenteuer nicht widerstehen können, erleben ihren Genuss mutmaßlich nicht als legitimen Baustein ihres Glücklichseins. Derartige Vergnügungen können sie auf dem Boden ihres sinngebenden Glaubens nur schwerlich gutheißen.

2) Fabian Sommariva, Selbstbildung und Weltgestaltung, Versuch über den Sinn des Lebens, Books on Demand, 2022

Anhang:

156 1) gr. tyche, Zufall oder moira, verhängtes Schicksal genannt; auch gr. pronoia, Vorsehung; lat., fatum

vielgestaltigen Trugkünste ..., Boethius, Die Tröstungen der Philosophie, Reclams Universal-Bibliothek, Nr. 3154, 3155, 30f (Zweites Buch)

158 2) Aristoteles nennt das Zufallsglück an verschiedenen Stellen das „kleine Glück", EN I 10; Pol. VII 1

160 *Je genauer ...,* Mark Twain, aus dem Gedächtnis zitiert

Dem Zufall ..., Wilhelm Schmid, Philosophie der Lebenskunst, Suhrkamp, 1999, 366

Auch soll ..., Seneca, Von der Seelenruhe, Insel, 1984, 142

161 *Wahrlich, ein ...,* Friedrich Nietzsche, Also sprach Zarathustra, Dritter Teil, Vor Sonnen-Aufgang

Mein Reiseplan ..., Michel de Montaigne, in: Uwe Schulz: Michel de Montaigne, Rowohlt, 2005, 71

Prinzip des..., Robert Musil, aus dem Gedächtnis zitiert

zunutze zu ..., Wilhelm Schmid, Philosophie der Lebenskunst, Suhrkamp, 1999, 366f

162 3) vgl. John Strelecky, Das Cafe am Rande der Welt, dtv, 2003, 96 f

4) Psychologie heute, Ausgabe April 2012

163 *die besten ...,* Montaigne, in Sarah Bakewell, Wie soll ich Leben? C.H. Beck, 2016, 358

164 5) Platon, Gorgias, 470f, 504-508

6) Platon Politeia 500 C; s. Ch. Horn, Glück bei Platon, in: Thomä u.a. (Hrsg.), a.a.O., 117-121

Idee des Guten ..., Platon, Politeia, 507 C – 514 A, vgl. Walter Schulz, Philosophie der Subjektivität, Neske, 1979, 258-261

165 7) Diese Animosität zieht sich bis in die jüngste Zeitgeschichte hinein, sichtbar im Konflikt zwischen den Nordgriechen und Makedonien, der durch eine Namensänderung nun beigelegt wurde.

166 *gemäßeste ...,* Aristoteles, NE I 6, s. Ch. Horn, Glück bei Aristoteles, in: Thomä u.a. (Hrsg.), a.a.O., 121-125, das ergon tou anthropou, zum Begriff: Peter Stemmer, Was es heißt, ein gutes Leben zu leben, in: Holmer Steinfath (Hrsg.): Was ist ein gutes Leben? Suhrkamp, 1998, 49f

glücksrelevanteste ..., Aristoteles, in Ch. Horn, a.a.O., 122, vgl. Stemmer, a.a.O., 49ff

167 8) vgl. Ernst Tugendhat, Vorlesungen zur Einführung in die sprachanalytische Philosophie, Suhrkamp, 1976, 32

168 9) vgl. Aristoteles NE 1098a16, vgl. Wolf, a.a.O., 118

10) Bei Aristoteles ist es möglich, im Glück zu sein, ohne davon zu wissen. In meiner Auffassung von Glück ist das nicht möglich.

169 11) *„Für den Menschen ist sein Ethos sein Daimon",* aus dem Gedächtnis zitiert – womit Heraklit zum Ausdruck brachte, dass der Mensch durch Selbsterziehung in sein Glück gelangen könne. Demokrit folgte ihm darin.

170 *ad deum ...,* Augustinus, in: Ch. Horn, Glück bei Augustinus, in: Thomä u.a. (Hrsg.), a.a.O., 133

Vereinigung mit ..., Robert Spaemann, Glück und Wohlwollen, Klett-Cotta, 1989, 106

12) vgl. Nietzsche, Fröhliche Wissenschaft III, Nr. 135. Überaus lesenswert ist auch der 6. Gesang in Homers „Odyssee".

13) Ambrosius, De officiis, 2,5,18f; 2,4,10
durch eigene ..., Peter Schallenberg, Glück in der Theologie I, in: Thomä u.a. (Hrsg.), a.a.O., 436
Hienieden heißt ..., Augustinus, De civitate dei XIX 10, s. Thomä u.a. (Hrsg.), a.a.O., 132-134

14) Man lese in Voltaires Epoche machenden „Briefen aus England" seine Erwiderungen auf eingerückte Zitate von Pascal. Und bedenke dabei, dass Voltaire kein Atheist war.

15) Christen wollen und sollen nicht egoistisch sein. Es ist ihr Markenzeichen. Und nun gibt es diesen gar nicht unwichtigen Belohnungsgedanken. Er kassiert die Zentralforderung, Vermeiden aller Egoismen, wieder ein. Dieser veritable Widerspruch mag in der großen Kiste christlicher Mysterien einer von vielen sein. Wir finden ihn noch bei Kant.

sondern erwarten ..., Augustinus, De civitate Dei, 19,4

16) Freilich kennt auch Platon den Mythos von den Inseln der Seligen, Gorgias, 523 f, Politeia II 11-12, 369b-372c; 608cff, wo das Leben (nach dem Tod) leidlos sich vollzöge als dem Gegenort zum Tartaros, wo Buße und Strafe regierten. Nach Christoph Horn, a.a.O., 119 ist diese Vorstellung jedoch *„eher eine nachgeschobene und sekundäre"* Überlegung. Bei Aristoteles, den Stoikern und Epikur war Glück diesseitig zu kosten. Man meine nun aber nicht, das sei überholte Lehre. Auch der zeitgenössische Gotteskonstrukteur hält sich auf der von Augustinus vorgegebenen Bahn. Der Mensch sei *„auf ewig, bei Gott und in seinem ewigen Leben, glücklich",* lesen wir - nicht schon im irdischen. Im Glauben sei er, der Mensch, *„auf dem Weg zu einem neuen Eden, zur noch ausstehenden Vollendung, zu einem Glück unvor-*

denklicher Vorstellung. Dieses Glück trägt nach christlichem Glauben den Namen Gott", Peter Schallenberg, a.a.O. 434, 438

17) vgl. Thomas v. Aquin, in: Jörg Lauster, Glück in der Scholastik, in: Thomä u.a. (Hrsg.), a.a.O., 141 – 143

173 *die der ...*, Spaemann, a.a.O., 14

Theologie des ..., Maximilian Forschner, Über das Glück der Menschen, Wissenschaftliche Buchhandlung, 1994, 80

ewige Dauer ..., Forschner, a.a.O., 91

174 *maximalistische Tendenz ...*, Roland Kipke, Der Sinn des Lebens und das gute Leben, Zeitschrift für philosophische Forschung, Band 68, 2014, 196

Sie bemerken ..., Seneca, a.a.O., 97

176 18) Der Philosoph Moritz Schlick fußt in seiner ethischen Position auf Überlegungen, die schon Aristippos angestellt hat. Man lese sein Buch „Fragen zur Ethik" aus dem Jahr 1930. Bei den anderen Tieren scheinen Unlust-Lust-Empfinden das Verhalten erheblich zu regulieren. In der Entwicklung des Lebens tauchte das Empfinden als wertender Bestandteil eines inneren, organischen Belohnungssystems auf, dass sich im Lustempfinden äußert: Sättigung, sexuelle Lust zeigen dem lebendigen Wesen, dass es ihm gut geht.

19) Platon, Gorgias 491ff und Philebos 42c, vgl. Aristoteles NE 1173b7ff, Dieter Thomä, Vom Glück in der Moderne, Suhrkamp, 2003, 145

177 20) Platon, Gorgias, 497

sklavisch, niedrig ..., Seneca, a.a.O., 90

21) Dies ist ja stoische Lehre: Auch wenn Tugend mit Lust verbunden sein sollte, erstrebt man die Tugend doch nicht wegen der Lust. Lust sei weder Ursache noch Lohn der Tugend. In Senecas Worten: „*Du fragst, was ich denn dann von der Tugend will? Sie selbst! Sie hat nichts Besseres zu bieten, sie ist ihr eigener Preis*", a.a.O., 91

Genuss ..., Immanuel Kant, Kritik der praktischen Vernunft, A 212

die Befriedigung ..., Immanuel Kant, Kritik der reinen Vernunft, B 834

im Ganzen ..., I. Kant, Kritik der praktischen Vernunft, A 224

von der ..., Kant, a.a.O., A 40

Was das ..., I. Kant, Kritik der Urteilskraft, 395/396, Anmerkung

178 *Maximum des ...,* I. Kant, Grundlegung zur Metaphysik der Sitten, BA 46

179 *Unabhängigkeit von ...,* I. Kant, Kritik der praktischen Vernunft, A 214

himmlischen Belohnungszustand ..., I. Kant, aus dem Gedächtnis zitiert. Es lohnt sich, diesen Gedanken mit der Bergpredigt, Matthäus 5, 3-12, zu vergleichen.

180 *proportionierten Glückseligkeit ...,* I. Kant, Kritik der praktischen Vernunft, A 224

22) I. Kant, KpV A 198/199: *„Denn der Glückseligkeit bedürftig, ihrer auch würdig* (Tugend erwirbt die Würdigkeit, glücklich sein zu dürfen, d. Verf.) *dennoch aber derselben nicht teilhaftig zu sein* (im Leben, d. Verf.), *kann mit dem vollkommenen Wollen eines vernünftigen Wesens, welches zugleich alle Gewalt hätte (...) gar nicht zusammenbestehen".* Wenn Gerechtigkeit in der Diesseits und Jenseits koordinierenden Wirklichkeit walte. Wenn es so sei, dass Sittlichkeit sich auszahle, dann müsse es einen Gott geben, der buchhalterisch aufs Komma genau Verrechnungsarbeit leiste und das trostreiche Belohnungswerk durchsetze. Womit wir den hochberühmten *moralischen Gottesbeweis* Kants vorgestellt hätten. Ich erlaube mir hier folgende Vermutung, die uns den Königsberger Denker menschlich macht und zeigt, dass Philosophie seine Denkmotive aus dem Leben nimmt. Kant empfand eine tiefe Zuneigung zu seiner pietistischen Mutter. Man weiß das gut. Sie hat ein entbehrungsreiches Leben geführt. Es war Kant ein dringliches Bedürfnis, den „Beweis" zu führen, dass das Gute, das

Glückswürdige in der Welt nicht ohne entsprechende Gerechtigkeit im Jenseits vergolten würde.

181 *Zwischen Wollen ...*, Arthur Schopenhauer, Die Welt als Wille und Vorstellung, § 57

23) Gustav Flaubert schreibt: *„Von dem Moment an, in dem ich kein Buch lese oder mir keine Gedanken über das Buch mache, das ich schreiben will, erfasst mich eine solche Langeweile, dass ich schreien möchte"*, in: W. Tatarkiewicz, Über das Glück, Klett-Cotta, 1984, 272.

überstanden und abgethan ..., A. Schopenhauer, Aphorismen zur Lebensweisheit, Reclam, 1983, 136

milde abzusterben ..., Ludwig Marcuse, Essays, Porträts, Polemiken, Diogenes, 1988, 19

bedingter seyn ..., Schopenhauer, a.a.O., 15

Alle Befriedigung ..., A. Schopenhauer, Die Welt als Wille und Vorstellung, § 58

Je enger ..., Schopenhauer, Aphorismen zur Lebensweisheit, a.a.O., 151

Jede Beschränkung ..., Schopenhauer, a.a.O., 151

Demgemäß wird ..., Schopenhauer, a.a.O., 152

183 *wesentlich (...) Leiden ...*, A. Schopenhauer, Die Welt als Wille und Vorstellung, § 56

184 *die Absicht ...*, Sigmund Freud, Das Unbewusste, Schriften zur Psychoanalyse, Fischer, 1960, 352

185 *Krätze ...*, Platon, Gorgias 494

kurze Lust ..., Demokrit, Die Vorsokratiker, W. Nestle, Deutscher Bücherbund, 1956, 162

Als deine ..., Seneca, a.a.O., 222

186 *Vorbild für ...*, Sigmund Freud, in: Morris Vollmann, Glück in der Psychoanalyse, in: Thomä u.a. (Hrsg.), a.a.O., 280

187 *als ein ...*, C. G. Jung, in: Drewermann/Albus, Die großen Fragen, Patmos, 2012, 41

188 *Während wir ...*, Jean-Paul Sartre, Das Sein und das Nichts, Rowohlt, 1993, 649

24) An anderer Stelle, a.a.O., 646, schreibt Sartre, dass in der Liebesbeziehung der eine dem anderen *„ein absolutes Bezugszentrum"* wird, um das sich für den anderen *„alle Utensilien-Dinge der Welt als bloße Mittel anordnen"*.

189 *mehr in der ...*, Jean Grenier, Die Inseln, Alber, 2015, 112

191 *die zentralen ...*, Hartmut Rosa, Resonanz; Suhrkamp, 2016, 351, dort Quellen

194 25) s. Pierre Hadot, Philosophie als Lebensform, Verlag Mathias Gatza, 1991

nicht die Lust ..., Epikur, Briefe, Sprüche, Werkfragmente, Reclam, 1985, 49; vgl. dazu den Kommentar von Long/Sedley, Die hellenistischen Philosophen, J. B. Metzler, 2006, 142-146

26) vgl. Epikur, ebd. Brief an Menoikeus

195 *ich sehe ...*, F. Nietzsche, Fröhlichen Wissenschaft, 1. Buch, Nr. 45. Nietzsche beginnt die Nr. 45 mit folgenden Worten: *„Epikur. – Ja, ich bin stolz darauf, den Charakter Epikurs anders zu empfinden als irgend jemand vielleicht, und bei allem, was ich von ihm höre und lese, das Glück des Nachmittags des Altertums zu genießen –"*.

27) Der junge Camus knüpft in seinen frühen Texten an Nietzsches poetischen Beschreibungen an, in „Hochzeit des Lichts". Und natürlich steht Epikur auch Pate für Nietzsches Zarathustra, von dem es heißt: *„Er will nichts, er sorgt sich um nichts, sein Herz steht still, nur sein Auge lebt (– es ist ein Tod mit wachen Augen.)"*.

198 *Wir sind ...*, Michel de Montaigne, Essais, Reclam, 1969, 37f

200 28) Dazu Fabian Sommariva, Selbstbildung und Weltgestaltung, BoD, 2022, Kap. 7

201 *negatives Glück ...,* Hans Blumenberg, Die Legitimität der Neuzeit, Suhrkamp, 2016, 229, 303
Lebensführung durch ..., Michel Foucault, Die Sorge um sich selbst, Suhrkamp, 1986, 82